NUM PISCAR DE OLHOS

walter MURCH

NUM PISCAR DE OLHOS

A edição de filmes sob a ótica de um mestre

ZAHAR

Tradução:
Juliana Lins

Consultoria:
Tuco

Preparação de texto:
André Telles

Título original:
In the Blink of An Eye
(A Perspective on Film Editing)

Tradução autorizada da segunda edição norte-americana
publicada em 2001 por Silman-James Press,
de Los Angeles, Estados Unidos

Jorge Zahar Editor Ltda.
rua Marquês de S. Vicente 99 – 1º | 22451-041 Rio de Janeiro, RJ
tel (21) 2529-4750 | fax (21) 2529-4787
editora@zahar.com.br | www.zahar.com.br

Composição: Futura Editoração
Capa: Sérgio Campante
Fotos da capa: Sue Kyllonen © Getty Images

CIP - Brasil. Catalogação-na-fonte
Sindicato Nacional dos Editores de Livros, RJ

Murch, Walter, 1943-
M949n Num piscar de olhos: a edição de filmes sob a ótica de um mestre/ Walter Murch; tradução Juliana Lins. – Rio de Janeiro: Zahar, 2004.

Tradução de: In the blink of an eye: (a perspective on film editing)
ISBN 978-85-7110-782-3

1. Cinema – Edição. I. Título.

CDD: 778.535
04-0947 CDU: 778.53

Sumário

Esta é a transcrição revista de uma palestra sobre edição de filmes proferida por Walter Murch na sala de mixagem da Spectrum Films, em Sidney, Austrália, em outubro de 1988, integrando uma série de palestras organizadas pela Comissão Australiana de Filmes.

Alguns trechos da palestra também foram incluídos em uma apresentação feita em fevereiro de 1990 para os alunos de edição dos professores Barbara e Richard Marks como parte do curso de graduação da Escola de Teatro, Cinema e Televisão da Universidade da Califórnia (UCLA).

Em 1995, o livro foi revisto e incluiu-se um posfácio para complementar e aprofundar alguns tópicos do texto original.

O capítulo final deste livro, "Gesamtkunstkino", foi originalmente publicado na seção "Arts and Leisures" do *New York Times*, em 2 de maio de 1999.

Em 2001, o posfácio foi reescrito, a fim de refletir os avanços realizados no campo da edição digital.

Apresentação

FRANCIS COPPOLA
Napa, 1995

Pensar em Walter Murch me faz sorrir. Não tenho muita certeza do motivo. Talvez pela combinação de sua personalidade singular com a segurança inspirada por sua competência, bondade e sabedoria. É um Gerald MacBoingBoing* crescido, ainda brincalhão e enigmático, mas dotado de grande inteligência.

Pode ser também porque ele tenha sido um colaborador essencial naqueles que foram provavelmente os melhores filmes em que trabalhei: *A conversação* e *O poderoso chefão* (parte II). Guardo um carinho especial por essas obras, e também por *Caminhos maltraçados*, porque foram aquelas em que consegui chegar mais perto do objetivo que tinha estabelecido para mim mesmo quando jovem: escrever apenas argumentos e roteiros originais. Isso foi algo que Walter sempre me incentivou a fazer e que foi melhor alcançado quando trabalhei com ele. Mas o próprio Walter é um objeto de estudo: filósofo e teórico do cinema – um diretor talentoso por mérito pessoal, o que se pode comprovar no belo *O mundo fantástico de Oz*. Nada é tão fascinante quanto pas-

* Gerald MacBoingBoing é um personagem de desenho animado. (N.T.)

sar horas ouvindo as teorias de Walter sobre a vida e o cinema, além das inúmeras partículas de sabedoria que ele deixa pelo caminho, como as migalhas de pão de João e Maria: orientadoras e nutritivas.

Sorrio, além disso, por sermos tão diferentes um do outro. Enquanto tomo decisões instantâneas baseadas apenas na emoção e na intuição, Walter é ponderado, cuidadoso, metódico em cada passo que dá. Enquanto oscilo, como uma corrente alternada de Tesla, entre o êxtase e o ceticismo, Walter é sensato, afetuoso, confiante. Tão genioso e intuitivo quanto eu, é também equilibrado.

Walter é um pioneiro como eu gostaria de ser, o tipo de pessoa que se deve ouvir com atenção e disso tirar proveito. Por tantas coisas, imagino, você deve achar que eu gosto e respeito muito Walter Murch. Pois tenha certeza disso.

Prefácio à segunda edição

O ano de 1995 foi um divisor de águas para a edição de filmes. Foi o último ano em que o número de filmes montados mecanicamente se igualou ao daqueles editados digitalmente. Em todos os anos subseqüentes, a quantidade de filmes editados em sistemas digitais cresceu, enquanto a montagem mecânica foi proporcionalmente diminuindo. Até 1995 nenhum filme com edição digital havia ganhado um Oscar de melhor edição. No entanto, desde 1996 todos os vencedores foram editados digitalmente, com a notável exceção de *O resgate do soldado Ryan* em 1998.

Aquele também foi o ano do lançamento de *Num piscar de olhos* nos Estados Unidos, com um posfácio sobre a edição digital na época. Estava claro para mim então que a completa digitalização do processo de edição de imagens era inevitável, mas ainda não era óbvio quando isso aconteceria, e eu alimentava sentimentos ambíguos a respeito da situação. (Naquela época me faltava experiência com edição digital. Eu havia editado pequenos filmes no Avid, mas ainda não tinha feito um longa-metragem).

Isso mudou no ano seguinte: comecei a editar *O paciente inglês* mecanicamente mas, por razões que serão explicadas ao longo deste livro, durante a produção migramos para edição digital. E todos os filmes em que trabalhei desde então, incluindo a restauração de *Apocalipse Now* e *A marca da maldade*, foram editados usando o sistema digital Avid.

Dois anos e meio representam uma geração na evolução dos computadores. Mais de duas dessas gerações eletrônicas se passaram desde 1995, e então achei que já era tempo de reavaliar o panorama do cinema digital, em particular a edição digital de filmes. Conseqüentemente, para esta nova edição do livro reescrevi completamente e ampliei consideravelmente o posfácio sobre edição digital, incluindo minhas experiências pessoais ao fazer a transição do processo mecânico para o digital e algumas premonições técnicas e artísticas para o segundo século do cinema.

WALTER MURCH
Toronto, junho de 2001

Prefácio à primeira edição

> Igor Stravinski adorava dar receitas e escreveu bastante sobre a arte de interpretar. Como tinha um vulcão dentro dele, não era de surpreender que exortasse os outros a se dominarem. Resultado: os maestros medíocres leram-no e concordaram, e os que não tinham uma só gota de fogo interior, ergueram as batutas e não se esqueceram de que deviam dominar-se. Enquanto isso ocorria, Stravinsky, que nunca seguiu os próprios conselhos, dirigia a sua *Apollon Musagéte* como se fosse da autoria de um Tchaikovski. A quem tinha aprendido a lição só restava ouvi-lo e pasmar.
>
> *A lanterna mágica*, Ingmar Bergman

A maioria das pessoas busca – consciente ou inconscientemente – estabelecer com o mundo um grau de equilíbrio e harmonia interior. Caso constate, como Stravinsky, a existência de um vulcão dentro de si, irá compensá-lo por um certo comedimento. Pela mesma lógica, alguém que abrigue uma geleira dentro de si pode precisar entregar-se à emoção. O perigo, alerta Bergman, é que uma personalidade glacial, carente de emoção, poderá ler Stravinsky e ver ali apenas comedimento.

Muitas das idéias que se seguem, apesar de apresentadas sob a forma de palestra, são na verdade anotações pessoais, métodos de trabalho que desenvolvi para lidar com meus próprios vulcões e geleiras. Como tais, são *insights* de uma pessoa em busca de equilíbrio e talvez sejam mais interessantes pelos lampejos dessa busca do que pelos métodos específicos por ela produzidos.

Gostaria de agradecer a Ken Sallows por colocar à minha disposição a transcrição da palestra original e pela oportunidade de divulgá-la para um público mais amplo. Fiz algumas revisões meramente estilísticas e acrescentei algumas notas para o que era, em grande parte, um diálogo extemporâneo entre mim e meus alunos, a quem agradeço pelo interesse e participação. Também atualizei algumas questões técnicas e acrescentei um posfácio que trata do impacto que a edição digital não-linear teve no processo de realização de um filme.

Queria agradecer especialmente a Hilary Furlong (na época, da Comissão Australiana de Cinema), responsável pela minha ida à Austrália, onde originalmente foi dada esta palestra.

WALTER MURCH
Roma, agosto de 1995

Cortes e falsos cortes

Muitas vezes são os extremos que mais nos ensinam sobre os estados intermediários: gelo e vapor nos revelam mais sobre a natureza da água do que a própria água. É verdade que qualquer filme que mereça ser feito vai ser único e que as condições nas quais ele se realiza são tão variáveis que seria um equívoco falar em "condições normais"; *Apocalipse Now* foi, por qualquer critério que se tome – cronograma, orçamento, ambição artística, inovação tecnológica – o equivalente cinematográfico do vapor e do gelo. Considerando apenas o tempo que levou para finalizar o filme (eu editei* a imagem durante um ano e passei mais um ano preparando e mixando o som), essa foi a pós-produção mais longa de um filme no qual trabalhei e talvez isso ajude a esclarecer um pouco a idéia do que significam ou podem significar "condições normais"[1].

---

* Em inglês, usa-se o mesmo verbo, *to edit*, para designar uma edição de imagens feita em computador e uma montagem de negativo. Em português, existem as duas nomenclaturas, portanto utilizaremos aqui o termo "editar" significando o trabalho de agrupar imagens, independentemente do processo utilizado. (N.T.)

[1] E eu entrei relativamente tarde no processo. Richie Marks e Jerry Greenberg estavam editando havia nove meses quando me juntei a eles, em agosto de 1977, alguns meses depois de encerradas as filmagens. Trabalhamos juntos até que Jerry saiu na primavera de 1978. Richie e eu continuamos, agora com a colaboração de Lisa Fruchtman, até que eu comecei a trabalhar no som.

Um dos motivos dessa demora foi simplesmente a quantidade de material filmado: 1.250.000 pés, o que significa um pouco mais de 230 horas. O filme pronto tem 2 horas e 25 minutos de duração, portanto, temos aí uma escala de 95 para 1, isto é, 95 minutos "não exibidos" para cada minuto que entrou no produto final. A título de comparação, a média em filmes comerciais é de 20 para 1.

Transitar por esse universo de 95 para 1 era como avançar lentamente por uma floresta densa, encontrar algumas clareiras, parar, e em seguida penetrar de novo na mata. Em alguns casos, como nas seqüências dos helicópteros, havia muita imagem de cobertura, e em outras cenas, comparativamente, muito pouca. Acho que só as cenas do Coronel Kilgore davam mais de 220 mil pés. Como elas representam 25 minutos do produto final, a escala aí é de 100 para um. Mas muitas das cenas de ligação tinham apenas uma tomada: Francis tinha gasto tanto negativo e tempo nos grandes eventos que compensou fazendo o mínimo de cobertura.

Vamos pegar uma das grandes seqüências como exemplo: o ataque de helicóptero em Charlie's Point quando toca *A valquíria*, de Wagner, foi encenado como um acontecimento real e portanto filmado como documentário, e não como uma série de cenas seguidas feitas especialmente para o filme. Era uma coreografia em grande escala de homens, máquinas, câmeras e cenários – algo como um brinquedo diabólico que funciona sozinho depois que se aperta um botão. Assim que Francis dizia "ação", a filmagem parecia um combate real: oito câmeras rodando simultaneamente (algumas no solo, outras em helicópteros), cada uma carregada com rolos de mil pés (11 minutos).

No final, não havendo nenhum problema aparente, a posição das câmeras era trocada e repetia-se a operação. E mais uma vez, e outra. Eles continuavam até, imagino eu, acharem que tinham material suficiente, cada tomada gerando em torno de oito mil pés (uma hora e meia). Nenhuma tomada era igual à outra – muito semelhante ao processo de uma filmagem documental.

Finalmente, quando o filme estava a salvo nos cinemas, sentei e calculei o número de dias que nós (os editores) tínhamos trabalhado. Dividi esse número pelo número de cortes existentes no produto final e cheguei à média de cortes, por editor, por dia: 1,47!

Isso quer dizer que, se soubéssemos *exatamente* para onde estávamos indo desde o princípio, teríamos chegado lá gastando o mesmo tempo se cada um de nós tivesse feito menos de um corte e meio por dia. Em outras palavras, se eu tivesse sentado no meu banquinho de manhã, feito um corte, pensado no próximo corte, ido para casa, voltado no dia seguinte, feito o corte no qual tinha pensado na véspera, feito mais um corte e voltado para casa, levaria o mesmo ano que efetivamente levei para editar a minha parte do filme.

Visto que se leva menos de dez segundos para se fazer um corte e meio, o caso reconhecidamente específico de *Apocalipse Now* nos proporciona uma grande sensação de alívio por confirmar a hipótese de que, mesmo num filme dito "normal"[2], o trabalho de edição não é tanto o de *colar pedaços*,

---

[2] A título de comparação, num filme comercial se faz, em média, oito cortes por dia.

mas muito mais o de *achar o caminho*, de modo que um editor gasta muito pouco do seu tempo cortando e colando. Obviamente, quanto mais material houver para trabalhar, mais alternativas têm de ser consideradas, uma vez que um maior leque de opções exige naturalmente mais tempo de consideração. Isso é verdade para qualquer filme com uma média alta de material filmado, mas no caso particular de *Apocalipse Now* o problema foi maior em função da temática delicada de que tratava, de uma estrutura cuidadosa e original, das inovações tecnológicas em todos os campos e da obrigação que todos os envolvidos sentiam de fazer o melhor trabalho de que eram capazes. E talvez, acima de tudo, pelo fato de se tratar, para Francis, de um filme pessoal, apesar do orçamento caro e do amplo alcance do tema. Infelizmente poucos filmes reúnem tais qualidades e aspirações.

Para cada corte no filme finalizado, houve provavelmente 15 *falsos cortes* – cortes feitos, considerados e depois desfeitos ou retirados do filme. Mesmo assim restaram 11 horas e 58 minutos diárias dedicadas a atividades que, das mais diversas maneiras, serviram para clarear e iluminar o caminho à nossa frente: projetar, discutir, rebobinar, projetar de novo, reunir, elaborar cronogramas, fazer reajustes, tomar notas, catalogar, além de refletir muito. Um trabalho enorme de preparação para chegar ao breve momento da ação decisiva: o corte – o momento de transição de um plano para o seguinte – algo que, por definição, devia, por si só, parecer simples e feito sem esforço (isto, no caso de chegar a ser percebido).

Por que os cortes funcionam?

Apocalipse Now, assim como qualquer filme de ficção (à exceção, talvez, de *Festim diabólico*,[3] de Hitchcock), foi feito com a junção de muitos pedaços diferentes de filme, formando um mosaico de imagens. O intrigante é que a junção desses pedaços – o "corte" [*cut*], na terminologia americana[4] – parece realmente funcionar, mesmo representando um total e instantâneo deslocamento de um campo de visão para outro (deslocamento este que, às vezes, acarreta um pulo para frente ou para trás não só no espaço, como também no tempo).

Funciona, mas poderia muito bem ser de outra maneira. Nada em nossa experiência de vida parece nos preparar para tal coisa. Ao contrário, do momento em que acordamos de manhã até fecharmos os olhos à noite a realidade visual que percebemos é um fluxo contínuo de imagens interligadas. De

---

[3] Filme composto por dez seqüências, cada uma com duração de dez minutos e imperceptivelmente coladas para dar a impressão de que não houve montagem. [Em português cada seqüência dessas, sem corte, é chamada de um plano seqüência. (N.T.)]

[4] Falando com a platéia australiana percebi uma sutil diferença em nossa língua. Nos EUA um filme é "cortado", o que enfatiza a separação das partes. Na Austrália (e na Grã-Bretanha) um filme é "colado", o que enfatiza a junção das partes.

fato, por milhões de anos – dezenas, centenas de milhões de anos – a vida na Terra transcorreu desta forma. Então, de repente, no começo do século XX, os seres humanos foram confrontados com algo diferente: o filme editado.

Nessas circunstâncias, não seria de estranhar descobrirmos que nossas mentes foram levadas pela evolução e pela experiência a rejeitar a edição de filmes. Fosse esse o caso, o padrão seria os filmes em plano seqüência dos irmãos Lumière, ou filmes como *Festim diabólico*, de Hitchcock. Por inúmeras razões práticas (e também artísticas), é bom que não seja assim.

A verdade é que um filme está sendo efetivamente "cortado" 24 vezes por segundo. Cada quadro é um deslocamento do anterior. Acontece que num plano contínuo, o deslocamento espaço/tempo de um quadro para o outro é tão pequeno (20 milésimos de segundos) que o público o vê como uma *continuidade dentro de um mesmo contexto*, em vez de 24 contextos diferentes por segundo. Por outro lado, quando o deslocamento visual é suficientemente grande (como no momento do corte), somos forçados a reavaliar a nova imagem como um *contexto diferente*. Milagrosamente, na maioria das vezes, não temos dificuldade em fazê-lo.

O que nos parece difícil de aceitar são os deslocamentos que não são nem sutis nem gritantes: por exemplo, o corte de um plano de corpo inteiro para outro um pouco menor em que os atores estão enquadrados do tornozelo para cima. Neste caso, o novo plano é diferente o bastante para assinalar que algo mudou, mas não o suficiente para nos fazer reavaliar o seu contexto. O deslocamento da imagem não é contínuo, mas também não é uma mudança de contexto. A colisão dessas duas idéias produz uma confusão mental – um pulo – que, comparativamente, torna-se incômodo.[5]

De todo modo a descoberta, no início do século XX, de que alguns tipos de corte "funcionavam" levou-nos quase imediatamente à descoberta de que os filmes poderiam ser filmados descontinuamente, o que foi o equivalente cinematográfico da descoberta do vôo. Na prática, os filmes não seriam mais (de)limitados pelos fatores tempo e espaço. Se só pudéssemos fazer filmes juntando todos os elementos simultaneamente, como no teatro, a gama de assuntos possíveis seria comparativamente menor. Entretanto, hoje a descontinuidade impera: é o ponto central na etapa de produção de um filme e, de uma forma ou de outra, quase todas as decisões são relacionadas a ela – como superar as dificuldades impostas por ela e/ou melhor aproveitar as vantagens que ela oferece.[6]

Outro fator a ser considerado é que mesmo que tudo *estivesse* à disposição ao mesmo tempo, seria muito difícil filmar

---

[5] Aparentemente uma colmeia pode ser movida 5cm por noite sem que as abelhas fiquem desorientadas pela manhã. Surpreendentemente, quando a mesma colmeia é movida 3km as abelhas ainda conseguem se orientar já que, em função do total deslocamento do seu ambiente, são forçadas a reorientar seus sentidos de direção e o fazem facilmente. No entanto, se a colmeia for movida apenas 2m, as abelhas invariavelmente se confundem. O ambiente não lhes parece diferente, elas não se reorientam e, conseqüentemente, não reconhecem a própria colmeia ao voltarem da "caça" por alimento e ficam vagando pelo espaço vazio onde estava a colmeia quando ela se encontra a apenas a 2m dali.

[6] Quando Stanley Kubrick dirigiu *O iluminado*, queria filmar em continuidade, tendo todos os cenários e atores à sua disposição o tempo todo. Ele se apossou de praticamente todo o estúdio em Elstree (Londres), montou todos os cenários simultaneamente e os mantinha lá, com a iluminação pronta, pelo tempo que fosse necessário. *O iluminado* continua a ser uma exceção na regra geral da descontinuidade.

longos planos seqüência e fazer com que todos os elementos funcionassem a cada vez. Os cineastas europeus tendem a filmar planos mais complicados que os americanos, mas, mesmo em se tratando de um Ingmar Bergman, há um limite para o que se consegue controlar: no finalzinho algum efeito especial pode falhar, alguém pode esquecer uma fala ou o fusível de uma lâmpada pode queimar e a coisa toda tem de ser refeita. É claro que, quanto maior o plano, maiores as chances de erro.

Há portanto um grande problema logístico em juntar tudo ao mesmo tempo, e também uma dificuldade séria: fazer com que tudo "funcione" todas as vezes. O resultado é que, por razões práticas, não seguimos os padrões dos irmãos Lumière ou de *Festim diabólico*.

Por outro lado, além das questões de conveniência, a descontinuidade também nos permite escolher o melhor ângulo da câmera para cada emoção e para cada momento da história, e esses planos, quando editados, provocarão um impacto crescente. Difícil seria fazer isso se estivéssemos limitados a uma sucessão contínua de imagens; os filmes também não seriam tão precisos e aprimorados como são.[7]

---

[7] A descontinuidade visual, e não temporal, é a característica mais impressionante da pintura do Egito antigo. Cada parte do corpo humano é retratada por seu ângulo mais característico e revelador: a cabeça de perfil, os ombros de frente, braços e pernas de perfil, o torso de frente, sendo todas essas partes agrupadas numa mesma figura. Hoje, com nossa preferência pelas leis unificadoras da perspectiva, as fisionomias daquelas pessoas ficam parecendo comicamente "tortas". É possível que num futuro remoto nossos filmes, com suas combinações de ângulos diferentes (cada um mais "revelador" para cada objeto em particular), pareçam tão cômicos e tortos quanto.

Extrapolando essas considerações, cortar é mais que um método conveniente de tornar contínua a descontinuidade. É, em si, pela força de sua paradoxal subitaneidade, uma influência positiva na criação de um filme. Usaríamos o corte mesmo que a descontinuidade não fosse tão útil por sua praticidade.

O fato central de tudo isso é que os cortes *funcionam*. Mas a questão permanece: por quê? Acontece algo parecido com o peixe-voador, que não deveria voar mas voa.

Voltaremos a esse mistério dentro de instantes.

"Cortando pedaços ruins"

Há muitos anos, no nosso primeiro aniversário de casamento, eu e minha mulher Angie voltamos à Inglaterra (ela é inglesa, embora tenhamos nos casado nos EUA) e pude conhecer alguns de seus amigos de infância.

"O que você faz?" perguntou um deles, ao que respondi que estava estudando edição de filmes. "Ah, edição", disse ele, "é quando se cortam os pedaços ruins." É claro que fiquei (educadamente) enfurecido: "É muito mais que isso. Edição é a estrutura, a cor, a dinâmica, a manipulação do tempo, todas essas coisas etc. etc..." O que ele tinha em mente eram filmes caseiros: "Opa, esse pedaço está ruim, vamos cortá-lo fora e colar o resto." Só agora, com 25 anos de estrada, passei a respeitar essa ingênua sabedoria.

Porque, de certa forma, editar é mesmo cortar os pedaços ruins; o problema é: *o que é um pedaço ruim?* Quando você está fazendo um vídeo caseiro e a câmera treme, esse pedaço é obviamente ruim e certamente você vai cortá-lo fora. O objetivo de um vídeo caseiro em geral é muito simples: uma gravação de eventos desordenados em tempo contínuo. O objetivo dos filmes de narrativa é muito mais complexo, tanto pela estrutura de tempo fragmentada como pela necessidade de reproduzir estados de espírito, de modo que se torna proporcionalmente mais complicado identificar o que é um "pedaço ruim". E o que é ruim em um filme pode ser bom em outro. De fato, uma das maneiras de se encarar o processo de realização de um filme é pensar nele como uma busca para identificar – no filme em questão – o que é um "pedaço ruim". Assim, o editor empenha-se na busca para identificar esses pedaços e corta-os fora, cuidando para que, ao fazê-lo, não destrua a estrutura dos "pedaços bons" restantes.

O que me leva aos chimpanzés.

Há uns 40 anos, depois de descoberta a estrutura de dupla-hélice do DNA, os biólogos acharam que tinham uma espécie de mapa para a arquitetura genética de cada organismo. É claro que não esperavam que a estrutura do DNA se parecesse com o organismo que estavam estudando (assim como o mapa da Inglaterra se *parece* com a Inglaterra), mas que cada ponto do organismo, de certa forma, correspondesse a um ponto equivalente no DNA.

Não foi o que descobriram. Quando começaram a compará-los ficaram surpresos ao descobrir que o DNA dos humanos e dos chimpanzés eram incrivelmente parecidos. Tanto que – 99% idênticos – eram inadequados para explicar as óbvias diferenças entre nós.

Então, de onde vêm as diferenças?

Os biólogos foram finalmente forçados a reconhecer que deveria haver alguma outra coisa – ainda em discussão – que controlasse a *ordem* na qual as várias informações guardadas no DNA eram ativadas e o *ritmo* com que essa informação era ativada à medida que o organismo crescia.

Nos estágios iniciais do desenvolvimento fetal é difícil estabelecer a diferença entre embriões humanos e os de chimpanzés. À medida que crescem chegam a um ponto em que diferenças se tornam visíveis e, desse ponto em diante, cada vez mais claras. Tomemos como exemplo a escolha do que vem primeiro, o cérebro ou o crânio. Nos seres humanos a prioridade é dada ao cérebro porque a ênfase está em maximizar o seu tamanho. Podemos ver num recém-nascido que seu crânio não está totalmente fechado em volta do cérebro que ainda está crescendo.

Com os chimpanzés a prioridade se inverte: primeiro o crânio e depois o cérebro, por razões que provavelmente têm a ver com o ambiente hostil em que nascem. O comando da seqüência dos chimpanzés é: "Preencha esse espaço vazio com o máximo de cérebro que puder." Há um espaço limitado a ser preenchido com cérebro pois, de qualquer ponto de vista, parece mais importante para o chimpanzé nascer com uma cabeça resistente do que com um grande cérebro. Há uma relação similar em uma lista infindável: o polegar e os outros dedos, a postura do esqueleto, alguns ossos que se formam completamente antes de um certo desenvolvimento muscular etc.

Meu argumento é que a informação do DNA pode ser comparada a um filme e o misterioso código seqüencial, ao editor. Você pode sentar numa sala com uma pilha de copiões e outro editor sentar em outra com exatamente o mesmo material: os dois farão filmes diferentes. Cada um fará escolhas diferentes sobre como estruturá-lo, isto é, *quando* e *em que ordem* soltar as várias informações.

Um exemplo: sabemos que a arma está carregada *antes* de Madame X entrar em seu carro ou só ficamos sabendo disso *depois* que ela está no carro? Cada escolha cria um sentido diferente para a cena. E ao proceder assim vamos empilhando uma diferença em cima da outra. Revertendo a comparação, pode-se olhar para seres humanos e chimpanzés como diferentes filmes editados com o mesmo copião[8].

Não estou aqui atribuindo valores a um chimpanzé ou a um ser humano. Digamos apenas que ambos estão adequados aos seus respectivos ambientes: eu estaria desconfortável balançando num galho no meio da floresta e um chimpanzé estaria desconfortável escrevendo este livro. A questão não é o valor intrínseco dos dois, mas o fato de ser desaconselhável mudar de idéia durante o processo de criação de um dos dois. Não comece a fazer um chimpanzé e depois decida fazer dele um ser humano. Isso produz um Frankenstein, uma colagem, e todos nós já vimos o seu equivalente no cinema: o filme "X" teria sido um filminho bem legal, totalmente adequado ao seu "ambiente", mas no meio da produção alguém superestimou suas possibilidades e o resultado foi um filme chato e pretensioso. Era um filme-chimpanzé que alguém tentou transformar em um filme-ser humano e que acabou não virando nem um nem outro.

Ou então o filme "Y", que era um projeto ambicioso que tratava de questões complexas e delicadas até que a produção ordenou uma filmagem adicional repleta de ação e sexo e, como resultado, o grande potencial foi reduzido a algo menor, nem humano, nem chimpanzé.

---

[8] Seguindo a mesma lógica, os chimpanzés e as baratas são feitos de "copiões" diferentes.

O máximo com o mínimo

Nunca se pode julgar a qualidade de uma mixagem de som pela simples quantidade de canais usados para produzi-la. Já foram produzidas mixagens deploráveis a partir de 100 canais. Da mesma forma, mixagens maravilhosas foram realizadas com apenas três canais. Tudo depende das escolhas iniciais que foram feitas, da qualidade do som, e da capacidade da mistura desses sons de despertar emoções ocultas no coração do público. O princípio básico é: tentar sempre fazer o máximo com o mínimo (com ênfase no "tentar"). Você pode não conseguir sempre, mas *tente* produzir os maiores efeitos na cabeça do espectador com o menor número de coisas na tela. Por quê? Porque você quer fazer apenas o necessário para conquistar a imaginação do público – a sugestão é sempre mais eficiente que a exposição. Passado um certo ponto, quanto mais você se esforça para enriquecer os detalhes, mais encoraja o público a ser espectador em vez de participante. O mesmo princípio se aplica para as várias áreas de produção de um filme: atores, direção de arte, fotografia, música, figurino etc.

E, é claro que se aplica também à edição. Não se diz de tal filme que foi bem editado porque tem muitos cortes. É preciso mais trabalho e mais discernimento para decidir onde *não* cortar: ninguém tem que cortar apenas porque está sendo pago para isso. O editor está sendo pago para tomar decisões e, quanto a cortar ou não, está de fato tomando 24 decisões por segundo: "não, não, não, não, não, não, não, não, não, não, sim!"

Um editor hiperativo que muda de corte com freqüência é como um guia de turismo que não consegue parar de apontar coisas: "... e ali em cima está o teto da Capela Sistina, e aqui a Mona Lisa... Por falar nisso, olhem esses azulejos... ." É claro que quem participa de uma excursão quer justamente isso, mas às vezes a pessoa quer dar uma volta e decidir por *si* mesma o que olhar. Se o guia, isto é, o editor não estiver suficientemente seguro para deixar que, de vez em quando, as pessoas escolham o que querem ver, ou para deixar algumas coisas a cargo da imaginação delas, ele estará tentando alcançar um objetivo (o controle absoluto) que acabará fracassando. Em algum momento as pessoas se sentirão manipuladas e ficarão ressentidas com a pressão das mãos atrás de suas cabeças.

Bom, se estou dizendo para fazer o máximo com o mínimo, fica a pergunta: há alguma forma de se descobrir qual é esse mínimo? É possível tirar daí uma conclusão lógica, porém absurda, e dizer "não corte nada"? Eis que voltamos ao nosso primeiro problema: filmes são editados (cortados) por razões práticas *e também* porque cortar – essa súbita distorção da realidade – pode ser uma ferramenta útil. Se a intenção é cortar o menos possível, quando *temos* que fazer um corte, o que faz dele um bom corte?

A regra de seis

A primeira coisa que se discute em aulas de edição de filmes é algo que vou chamar de continuidade tridimensional: no plano A um homem abre uma porta e anda até a metade da sala. Corta para o plano B, que pega o homem do mesmo ponto e o acompanha até o fim da sala, onde ele se senta na sua escrivaninha, ou algo do gênero.

Por muitos anos, particularmente no início da produção de filmes sonorizados, a regra era esta. Era preciso fazer de tudo para preservar a continuidade do espaço tridimensional, e não consegui-lo era considerado falta de precisão e habilidade.[9] Simplesmente não se usava "pular" as pessoas no espaço, exceto talvez em situações extremas como lutas ou terremotos, quando havia muita ação violenta.

Eu, na verdade, coloco a continuidade tridimensional no final de uma lista de seis *critérios* que definem um bom corte. Encabeçando a lista está a emoção, a última coisa da qual se fala em aulas de edição (quando se fala, porque é a coisa mais

[9] O problema desse raciocínio pode ser visto na televisão em qualquer *sitcom* feito com várias câmeras. Como as câmeras estão gravando simultaneamente, os atores estão sempre "corretos" no que diz respeito à continuidade espacial e à relação de um com o outro. Isso não impede que cortes ruins sejam feitos o tempo todo.

difícil de se definir e lidar). *O que você quer que o público sinta?* Se ele sente exatamente o que você queria durante todo o filme, você fez o máximo que poderia fazer. O que será lembrado não será a edição, a câmera, as atuações ou mesmo o enredo, mas como o público sentiu tudo isso.

O corte ideal (para mim) obedece simultaneamente aos seis critérios que se seguem: 1) reflete a emoção do momento; 2) faz o enredo avançar; 3) acontece no momento "certo", dá ritmo; 4) respeita o que podemos chamar de "alvo de imagem" (*eye trace*) – a preocupação com o foco de interesse do espectador e sua movimentação dentro do quadro; 5) respeita a "planaridade" – a gramática das três dimensões transpostas para duas pela fotografia (a questão da linha de eixo, *stageline*, etc.); e 6) respeita a continuidade tridimensional do próprio espaço (onde as pessoas estão na sala e em relação umas com as outras).

1) emoção	51%
2) enredo	23%
3) ritmo	10%
4) alvo de imagem	7%
5) plano bidimensional da tela	5%
6) espaço tridimensional da ação	4%

A emoção, no alto da lista, é o que se deve tentar preservar a todo custo. Se achar que deve sacrificar uma dessas seis coisas para fazer um corte, faça-o de baixo para cima, item por item.

Por exemplo, se você está considerando um leque de possíveis cortes para um momento particular do filme e descobre que determinado corte transmite a emoção certa *e* faz o enredo avançar *e* é satisfatório ritmicamente *e* respeita o alvo de imagem e a dimensão dos planos, *mas* quebra a continuidade do espaço tridimensional, este é, certamente, o corte que deve ser feito. Se nenhum dos outros cortes transmite a emoção certa, vale mais a pena sacrificar a continuidade espacial.

As percentagens que coloquei depois de cada item são pouco precisas, mas não de todo infundadas: os dois primeiros itens da lista (emoção e enredo) valem muito mais que os quatro últimos (ritmo, alvo de imagem, dimensão de planos e continuidade espacial) e, olhando com cuidado, vê-se que a emoção, que encabeça a lista, vale mais que os outros cinco juntos.

Na verdade, há uma questão prática que é a seguinte: se a emoção está adequada, o enredo andou para frente de uma forma original e interessante e no ritmo certo, o público tende a não perceber (ou ignorar) problemas de edição de menor importância tais como alvo de imagem, linha de eixo, continuidade espacial etc. O princípio geral é que, satisfazendo-se os critérios dos primeiros itens da lista, os problemas dos demais tendem a ser ofuscados, sendo que o inverso não é verdadeiro. Por exemplo: se o número 4, alvo de imagem, estiver adequado, isso vai minimizar o problema com o número 5 (linha de eixo), mas se o número 5 (linha de eixo) estiver correto e o número 4 (alvo de imagem) não for levado em consideração, o corte não será bem-sucedido.

Na prática, os três primeiros itens da lista – emoção, enredo e ritmo – estão intimamente ligados. As forças que os mantêm unidos são como a ligação dos prótons e nêutrons no núcleo de um átomo. Essas são, de longe, as ligações mais coesas, e a força que conecta os outros três vai diminuindo à medida que se desce a lista.

Na maioria das vezes consegue-se satisfazer aos seis critérios: espaço tridimensional, plano bidimensional da tela, linha do olhar, ritmo, enredo e emoção vão se acomodar. Esse, é claro, é o objetivo sempre que possível – nunca aceite menos quando é possível conseguir mais.

O que estou sugerindo é uma escala de prioridades. Se tiver que abrir mão de alguma coisa, nunca abra mão da emoção em benefício do enredo. Não abra mão do enredo em benefício do ritmo, não abra mão do ritmo em benefício do alvo de imagem, não abra mão do alvo de imagem em benefício dos planos e não abra mão da dimensão dos planos em benefício da continuidade.

Pista falsa

Reforçando essas considerações está o que deveria ser a principal preocupação de um diretor: colocar-se no lugar do público. O que o público estará pensando em determinado momento? Para onde irá olhar? O que você quer que ele pense? Em que precisa pensar? E, é claro, o que você quer que ele sinta? Se você tiver isso em mente (e essa é a preocupação de todo mágico) estará sendo uma espécie de mágico. Não no sentido sobrenatural, apenas alguém que trabalha com isso no dia-a-dia.

A tarefa de Houdini era despertar curiosidade mas, para fazê-lo, precisava que ninguém olhasse para *ali* (à direita) onde ele estava se soltando das correntes, tinha de achar um jeito de fazer as pessoas olharem para *lá* (à esquerda). Recorria então às "pistas falsas", como dizem os mágicos, fazendo com que 99% das pessoas olhassem para onde ele queria. Um editor pode e *deve* fazer isto.

No entanto, às vezes você pode ficar preso a detalhes e perder a visão do todo. Geralmente, quando isso acontece comigo, é porque estava vendo a imagem como a miniatura que é na sala de edição em vez de pensar na parede em que se transforma quando projetada nas salas de cinema. Uma coisa que faz com que você volte a ter a perspectiva correta é imaginar-se bem pequeno e a tela bem grande, fingindo que está assistindo ao filme finalizado num cinema de mil lugares lotado e que não há mais nenhuma possibilidade de mexer no resultado. Se ainda assim, você gostar do que está vendo, provavelmente está tudo bem. Caso contrário, é provável que isso lhe dê uma idéia mais clara de como corrigir o problema, seja ele qual for. Um dos pequenos truques que uso para me ajudar a atingir essa perspectiva é recortar bonequinhos de papel – um homem e uma mulher – e colocar um de cada lado da tela de edição: o tamanho dos bonecos (de apenas alguns centímetros) é proporcionalmente correto para fazer a tela parecer ter nove metros de largura.

Extrapolando os limites do quadro

O editor é uma das poucas pessoas que trabalha na produção de um filme e não sabe as condições exatas nas quais ele foi filmado (ou tem a *capacidade* de não saber), *mas*, ao mesmo tempo, exerce enorme influência sobre o filme.

Se o editor esteve no *set* a maior parte do tempo – como estiveram os atores, o produtor, o diretor, o câmera, o diretor de arte etc. – pode se deixar envolver pelos aspectos práticos "sangrentos" da "gestação" e do "parto". Quando, então, assiste ao copião, não consegue deixar de ver, com o olho da mente, o que extrapola os limites do quadro – ao contrário, consegue recapitular tudo o que estava acontecendo, tudo o que, física e emocionalmente, estava além do que foi efetivamente filmado.

"Trabalhamos pra caramba para filmar essa cena, ela tem que estar no filme." Nesse caso o diretor está convencido de que conseguiu o que queria, mas pode ser que esteja fazendo um esforço para achar isso por ter custado tanto – em angústia, tempo e dinheiro – para chegar lá.

Da mesma forma o diretor também pode não gostar de algo que filmou, quando todos estavam de mau humor, e dizer sob protestos: "Tudo bem, vamos fazer isso, pegar esse close e papo encerrado." Tempos depois, ao olhar para a cena, só consegue lembrar do péssimo momento em que foi filmada. Nesse caso, pode deixar de ver o potencial da cena em outro contexto.

O editor, no entanto, deve tentar ver apenas o que está na tela, assim como o público o fará. Este é o único jeito de desvincular as imagens do contexto de sua criação. Mantendo o foco na tela, é muito possível que o editor utilize os momentos que devem ser utilizados, mesmo que tenham sido filmados sob pressão, e descarte momentos que devem ser descartados, mesmo que tenham custado uma enormidade em dinheiro e sofrimento.

Tenho a impressão de estar advogando pela preservação de uma certa pureza. Não se deixe impregnar *desnecessariamente* pelas condições de filmagem. Mantenha-se a par do que está acontecendo, mas tente ficar o mais distante possível de problemas específicos, pois, em última análise, o público não sabe nada sobre isso e você é o *ombudsman* do público.

Certamente, o diretor é quem mais tem familiaridade com tudo o que aconteceu durante a filmagem, sendo portanto o mais afetado pelo excesso de informação que extrapola os limites do quadro. Depois de encerradas as filmagens e antes de o primeiro corte estar pronto, a melhor coisa que o diretor pode fazer pelo filme é dizer tchau para todos e desaparecer por duas semanas – ir para as montanhas, para a praia, para Marte, para qualquer lugar – e tentar descarregar esse excesso.

Onde quer que esteja, deve tentar, na medida do possível, pensar em coisas que não tenham absolutamente nada a ver com o filme. É difícil, mas necessário, criar uma barreira, construir um muro intransponível entre a filmagem e a edição. Depois das filmagens Fred Zinnemann costumava escalar os Alpes apenas para se colocar numa situação de risco de vida em que fosse obrigado a estar *ali*, evitando assim devanear sobre os problemas do filme.

Passadas algumas semanas, descia dos Alpes e punha de novo os pés no chão; sentava sozinho numa sala escura, ligava o projetor e assistia a seu filme. Continuava a carregar consigo aquelas imagens que extrapolam os limites do quadro (um diretor não será nunca verdadeiramente capaz de esquecê-las), mas, se tivesse ido direto da filmagem para a edição, a confusão seria pior e ele teria definitivamente misturado os dois diferentes processos de filmagem e de edição.

Faça o que estiver ao seu alcance para ajudar o diretor a erguer essa barreira para si mesmo a fim de que, quando assistir ao filme pela primeira vez, ele possa dizer: "Bom, vou fingir que não tive nada a ver com esse filme. Há muito trabalho pela frente, vejamos o que precisa ser feito."

Assim, você fará o possível para separar o que deseja daquilo que de fato existe, nunca abandonando seus sonhos mais ambiciosos para o filme, mas se esforçando ao máximo para ver o que efetivamente está na tela.

Sonhando em dupla

Um editor de filmes desempenha, sob vários aspectos, o mesmo papel para o diretor que o editor de texto para o escritor de um livro – encoraja algumas atitudes, desaconselha outras, discute a possibilidade de incluir um material específico no trabalho terminado ou a necessidade de se acrescentar material novo. Mas, em última instância, é o escritor quem põe as palavras em ordem.

Em um filme, porém, o editor tem de fato a responsabilidade de juntar as imagens (quer dizer, as "palavras") numa certa ordem e num certo ritmo. Nesse caso cabe ao *diretor* aconselhar do mesmo jeito que faria para um ator interpretar um papel. Parece então que a relação entre o editor e o diretor de um filme varia durante o projeto, o numerador se transformando em denominador e vice-versa.

Na terapia através dos sonhos há uma técnica em que o paciente, *aquele que sonha*, trabalha em dupla com *alguém que ouve o sonho*. O mais rápido possível depois de acordar, o sonhador se junta ao ouvinte para contar o sonho da véspera. Muitas vezes não há nada, ou apenas a lembrança de uma imagem decepcionante, mas isso é o suficiente para começar o processo. Uma vez descrita a imagem, o trabalho do ouvinte é sugerir uma seqüência imaginária de acontecimentos baseada naquele fragmento. Se, por exemplo, a lembrança se resume a um avião, o ouvinte sugere imediatamente que deve ter sido um avião de passageiros sobrevoando o Taiti carregado de bolas de golfe a caminho de um torneio na Indonésia. Assim que lhe é oferecida essa descrição, o sonhador retruca: "Não, era um bimotor, sobrevoando os campos de batalha da França, e Aníbal estava atirando nele flechas de sua legião de elefantes." Em outras palavras, o sonho, oculto na memória, aparece em defesa própria revelando-se quando se vê ameaçado por outra versão. Essa revelação sobre bimotores e elefantes pode levar o ouvinte a elaborar uma nova improvisação, que levará a outro aspecto do sonho encoberto, e assim por diante até que transpareça o máximo de informação possível.

A relação entre o diretor e o editor é parecida, considerando-se que o diretor é geralmente o que sonha e o editor, o ouvinte. Mas mesmo para o diretor mais bem preparado há limites para a imaginação e a memória, particularmente no nível das minúcias. É portanto trabalho do editor propor opções alternativas como iscas a fim de estimular o sonho adormecido a se erguer em defesa própria e revelar-se em sua plenitude. Essas opções podem desdobrar-se em grandes proporções (será que tal e tal cena devem ser retiradas do filme para o bem do conjunto?) ou no detalhe mais específico (será que esse plano deve terminar nesse quadro ou no seguinte, 1/24 de segundo depois?). Porém, às vezes o editor é o sonhador e o diretor é o ouvinte, aquele que joga a isca para instigar o sonho coletivo a revelar mais de si.

Pergunte a qualquer pescador e ele dirá que a qualidade da isca determina o tipo de peixe que você pega.

Trabalho em equipe: vários editores

O editor não colabora apenas com o diretor. Freqüentemente dois ou mais editores trabalham ao mesmo tempo, às vezes, com a mesma autoridade. Isso pode parecer estranho para muita gente, já que o mesmo não acontece com diretores de fotografia ou arte. Numa produção é comum a contratação de vários editores e isso tem dois motivos: primeiro o perfil solidário dos editores e, segundo, o fato dos prazos de pós-produção não serem tão implacáveis nas suas conseqüências quanto durante a produção. Em vários filmes trabalhei, e gostei da experiência, com a colaboração de outros editores: *A conversação*, *Apocalipse Now*, *A insustentável leveza do ser* e *O poderoso chefão* (parte III).

A principal vantagem de se trabalhar em equipe é a rapidez; o principal risco é a falta de coerência. Quando se tem mais de 350 mil pés de material filmado (65 horas), é preciso correr esse risco e ter dois editores ou, pelo menos, mais um editor trabalhando sob supervisão. Problemas podem surgir no caso de se ter apenas um editor e ele desenvolver uma visão intransigente acerca do material. Isso é particularmente problemático quando diretor e editor nunca trabalharam juntos e não têm tempo de desenvolver uma linguagem comum. Neste caso também pode não ser má idéia considerar trabalhar com vários editores.

O poderoso chefão foi o primeiro filme no qual Francis trabalhou com dois editores. Originalmente havia um só, mas o problema da intransigência se agravou e o editor foi dispensado depois de vários meses. Tomou-se a decisão de reconstituir o que tinha sido feito até então e recomeçar. Porém, como aqueles meses haviam sido efetivamente perdidos, parecendo que o filme ficaria com quase três horas de duração e havia um prazo inadiável, fazia sentido contratar dois editores. O filme ainda estava sendo rodado e já havia muito trabalho a ser feito: cada editor tinha o equivalente a 90 minutos de filme para terminar em 24 semanas. Diferentemente de *O poderoso chefão* (parte III) e de *Apocalipse*, o trabalho foi efetivamente dividido pela metade. Bill Reynolds editou a primeira parte e Peter Zinner, a segunda. Há um momento específico onde termina a parte de Bill e começa a de Peter.

No *Poderoso chefão* (parte II), apesar de a responsabilidade pela edição ter sido dividida como num tabuleiro de xadrez, as cenas eram inicialmente trabalhadas pela mesma pessoa.[10] Quando Francis começou a brincar com a estrutura do filme, as pessoas se viram mexendo no que outros já haviam editado.

O lucro de um filme de 25 milhões de dólares é de cerca de 250 mil por mês. Se ter dois editores pode ajudar o filme a ser lançado um mês antes, eles terão pago boa parte, se não a soma total, de seus salários pelo trabalho no filme inteiro.

---

[10] Os editores de *O poderoso chefão* (parte II) foram Peter Zinner, Barry Malkin e Richard Marks.

A questão é simplesmente aonde se quer chegar no tempo que se tem disponível. Terminar com uma média de 1,47 corte por dia, como fizemos em *Apocalipse*, significa que muitas avenidas foram exploradas antes de se chegar ao produto final. Se é isso que você quer fazer, é provável que precise de mais de um editor.

O momento decisivo

Quando Phil Kaufman estava filmando *A insustentável leveza do ser* na França, eu estava editando em Berkeley, Califórnia – a 9.500km de distância. A cada duas semanas, aproximadamente, eu recebia o copião, sentava e assistia a dez horas de filme, fazendo anotações, verificando se estava sincronizado, decupando o material etc.

Além do procedimento normal, ainda selecionava pelo menos um quadro representativo de cada posição de câmera e fotografava-o. Em seguida mandávamos revelar essas fotos num laboratório "1 hora", como se fossem fotos de família, e as colocávamos em painéis de acordo com a cena. Sempre que os planos tinham uma encenação mais complexa ou uma câmera em movimento, era preciso tirar mais de uma foto (acho que o máximo que tirei para *A insustentável* foram sete para uma cena de festa muito complicada) – geralmente tirava três, mas, na maioria das vezes, apenas uma.

Tínhamos que usar um negativo especial para fazer essas fotos porque o negativo normal produz muito contraste. A velocidade do filme é lenta – ASA 2 mais ou menos – e o tempo de exposição tem de ser grande, mas funcionava bem: as fotos eram bastante próximas em cores e contraste em relação ao filme.

As fotografias são de grande ajuda nas discussões posteriores com o diretor sobre o que foi filmado e como, solucionando rapidamente esse tipo de discussão.

Servem também como registro de alguns detalhes que desafiam a habilidade do melhor continuísta: as particularidades do corte de cabelo de um ator, alguma peculiaridade do figurino, o colarinho que sobe ou desce, o quão rósea está a pele de alguém, uma marca na testa que apareceu quando se tirou um chapéu – esse tipo de coisa.

São também uma ótima fonte de recursos para a divulgação ou para alguém que entre no filme numa etapa posterior à filmagem. Você pode olhar e cruzar referências dos personagens nos mais diversos estados emocionais e comparar a fotografia, o figurino e o cenário.

Além disso, em função da forma em que são dispostas, as fotografias se relacionam entre si de forma interessante. Em *A insustentável* tínhamos, digamos, 16 painéis de fotos, 130 fotos em cada painel e cada painel foi organizado como a página de um livro: as fotos da esquerda eram "lidas" para a direita e depois, na linha seguinte, da esquerda para a direita de novo etc., exatamente como na leitura de um texto, e, quando se chegava ao final de um painel, você ia para o alto do seguinte e lia a primeira linha etc. A junção *entre* esses painéis era uma coisa interessante de se ver porque justapunha cenas que, apesar de nunca terem sido pensadas juntas, estavam ali, lado a lado. Às vezes surgiam daí algumas idéias, o que nos levava a pensar em algumas coisas, pulos de edição, nos quais não teríamos pensado sem esse sistema.

Mas para mim o trunfo das fotos era que elas se transformavam em hieróglifos para a linguagem das emoções.

Que palavra expressaria o conceito de raiva irônica com uma ponta de melancolia? Não há palavra para isso, pelo menos não em inglês, mas é possível ver essa emoção específica representada numa fotografia.

A foto pode também representar um tipo de antecipação nervosa: a personagem está amedrontada, ao mesmo tempo excitada e confusa porque sente desejo por outra mulher. E esta mulher está dormindo com o marido dela. O que isso significa?

Seja o que for, esta lá, na expressão dela, no ângulo da cabeça com o cabelo e o pescoço e na tensão dos músculos, na posição da boca e nos olhos dela. Basta apontar para a expressão do rosto de um ator e estarão superadas as dificuldades da linguagem ao lidar com a sutileza dessas emoções intraduzíveis. O editor e o diretor podem dizer: "É isso que eu quero. A seqüência na qual estamos trabalhando deve ter mais disso aqui, entendeu? Quero que ela incorpore as indefiníveis, porém bem conhecidas, emoções que vejo nessa fotografia."

A partir daí o trabalho do editor será o de escolher as imagens certas e colocá-las em seqüência na medida certa para expressar algo semelhante ao que foi captado naquela fotografia.

Ao escolher um quadro representativo, o que se está procurando é uma imagem que sintetize a essência dos milhares de outros quadros que formam a tomada em questão. É o que Cartier-Bresson – referindo-se à fotografia – chamou de "momento decisivo". Acho então que, na maioria das vezes, a imagem que escolho acaba entrando no filme e, na grande maioria das vezes, bem perto do ponto de corte.

Quando se assiste ao copião, há uma armadilha parecida com uma na qual se pode cair durante os testes de elenco.

Dois quadros de Teresa (Juliette Binoche) em A insustentável leveza do ser. *O número de três dígitos embaixo à esquerda (620, 296) refere-se à posição de câmera do plano de onde a foto foi tirada. E o número (2.2) no retângulo adjacente ao 620 identifica o lugar desse quadro na seqüência – segundo quadro numa série de dois.*

Dois quadros de Sabina (Lea Olin) em A insustentável leveza do ser. *O sistema numérico aqui é o mesmo das fotos de Teresa. Ambos os quadros foram retirados da seqüência que mostra a sessão improvisada de fotos de Sabina e Teresa.*

Dois quadros de Teresa em A insustentável leveza do ser. *No caso do número 542, um quadro foi suficiente para dar uma idéia completa do plano. No entanto o número 635 precisou de três fotos – das quais esta é a segunda – em virtude da natureza complexa do plano. Este vem da mesma cena da foto 634 de Sabina e os dois quadros estão juntos na versão final do filme.*

Para o ator que está entrando pela porta, esse teste de elenco é o único momento em que ele vai se apresentar para você. É um momento tremendamente importante para ele, mas pode ser a sexagésima pessoa que você vê naquele dia. É inevitável que, depois de um tempo, crie-se uma confusão mental que o impede de pensar com a precisão que deveria.

Bom, com o material filmado também é assim. Todas as tomadas são apresentadas para sua aprovação. Tomada cinco: "Que tal eu? Posso fazer tal coisa." Depois entra a tomada sete e: "Que tal isso aqui?" Tomada nove: "Ou isso?"

Para se manter lúcido e ficar realmente atento às possibilidades de cada tomada, você tem que ficar se beliscando. Você tenta se manter alerta, percebendo e anotando tanto coisas maravilhosas como outras que podem não ser tão maravilhosas. É isso que tem que ser feito quando se está escolhendo um elenco.

Mas se você tiver que selecionar um conjunto de fotos representativo de cada plano, automaticamente começa a pensar diferente – precisa ser analítico desde o começo, que é o que deve acontecer ao se avaliar o copião. Porém, como somos todos humanos e como o copião é geralmente enorme, a tendência às vezes é sentar ali e deixar que o copião nos atropele. O que esse sistema de fotos faz é sacudir um pouco você na cadeira. É um incentivo para se fazer o que deveria ser feito de qualquer maneira. E é o começo do processo de edição. A edição começa no momento em que você diz: "Prefiro esse quadro àquele outro."

Métodos e máquinas: mármore e barro

As ferramentas escolhidas para o trabalho de edição podem ter um efeito determinante no produto final. Quando comecei editar em 1965, só havia de fato uma opção, pelo menos em Hollywood: a Moviola, uma máquina de editar "vertical", praticamente inalterada desde a década de 1930, que se parece um pouco com uma máquina de costura (e faz o mesmo barulho). Nos primórdios dos Estúdios Zoetrope, inspirados no modelo europeu, usávamos Steenbecks ou KEMs, máquinas de editar "horizontais", importadas da Alemanha, que faziam menos barulho e "passavam" o filme mais delicadamente. Elas tinham duas telas grandes e duas pistas de som, mais propícias a receber grandes quantidades de filme. Hoje, obviamente, o cenário foi definitivamente alterado pela chegada do computador e dos sistemas de editar eletrônicos e digitais como o Avid e o Ligthworks, que comportam um terminal de vídeo e um computador com um banco de memória de larga escala onde as imagens e o som do filme podem ser armazenados digitalmente.[11]

Sinto-me igualmente confortável trabalhando numa Moviola, numa KEM Universal ou num Avid. Depende do

[11] Para uma pesquisa mais abrangente sobre os sistemas não-lineares atuais, ver o posfácio: "Edição digital de filmes – Passado, presente e futuro imaginário".

filme, do orçamento, do prazo, da minha intuição em relação ao estilo do diretor e da média de duração de uma tomada. *A conversação* foi montado numa KEM, *Julia* numa Moviola, *Apocalipse Now* numa KEM e usei ambas em *A insustentável* – comecei numa Moviola e mudei para uma KEM. Com a KEM arrumo as coisas ao contrário do que se faz normalmente, a tela que fica à minha frente é a tela de procura e a pista de som à minha frente está em sincronismo com ela. A tela que fica ao lado esquerdo e a pista de som ao lado direito estão também sincronizadas com o filme editado. Se eu estivesse trabalhando em uma enroladeira, isso estaria passando por um sincronizador.

E por falar em mesas, é preciso dizer que trabalho de pé: a minha KEM foi erguida a uns 40cm do chão para ficar na altura certa pra mim. Uma das coisas de que sempre gostei numa Moviola é que você se levanta para trabalhar e é como se a estivesse abraçando – de certa forma dançando com ela –; por isso era frustrante pra mim ter que sentar na KEM. Tanto em *A conversação* quanto em *Apocalipse* trabalhei sentado, mas uma voz no fundo da minha cabeça ficava repetindo que havia algo errado. Então, quando fui editar *A insustentável*, mandei colocar a KEM em cima de dois caixotes de madeira.

Editar é como fazer uma cirurgia: você já viu algum cirurgião fazer uma operação sentado? Editar também é como cozinhar, e ninguém se senta no fogão para cozinhar. Mas editar é principalmente uma espécie de dança – o filme pronto é como uma dança cristalizada – e onde já se viu um dançarino se sentar para dançar?

Além da questão de sentar/ficar de pé, as diferenças entre o sistema da Moviola e da KEM são de natureza "escultural": o sistema Moviola "emulsiona" o filme em pequenos pedaços (tomadas individuais) e então o editor agrupa os pedaços, como quando se esculpe algo em barro. Pega-se um pouquinho de barro e gruda-se aqui, depois mais um pouquinho e gruda-se *ali*. No começo do processo não há nada à sua frente, depois surge alguma coisa, e então tudo fica finalmente pronto e construído de pequenos pedaços de barro, pequenas porções de informação.

No sistema da KEM nunca quebro o filme em tomadas individuais – deixo-o em rolos de dez minutos, na ordem que veio do laboratório. Em se tratando de uma escultura, seria como o bloco de mármore: a escultura já está lá, escondida na pedra, e você a revela tirando – em vez de montando a partir do nada – pedaço por pedaço como no barro. Essa é realmente a diferença entre a edição de "acesso randômico" (não-linear) e o seu oposto – digamos, de acesso linear.

A edição computadorizada digital e, por incrível que pareça, a velha e ultrapassada montagem em Moviola com um assistente são ambas edições de acesso randômico, não-linear: você pede algo específico e aquela coisa, apenas ela, chega a você o mais rápido possível. Você só vê o que pede. O Avid nesse aspecto é mais rápido do que a Moviola, mas o processo é o mesmo.

Para mim uma desvantagem é que as escolhas passam a depender dos pedidos e, às vezes, isso não basta. Há um nível mais elevado que vem com o *reconhecimento*: você pode não ser capaz de articular o que quer, mas sabe reconhecê-lo quando o vê.

O que significa isso? Bom, ao aprender a falar uma outra língua, você percebe que há uma lacuna entre o quão bem você fala e o quanto você entende ao falarem com você. A capacidade humana de entender uma língua estrangeira é sempre maior que sua capacidade de falá-la.

E ao fazer um filme você está tentando aprender uma língua estrangeira, porém uma língua única, falada apenas por aquele filme. Se tiver que articular tudo, como no sistema de acesso randômico de vídeo/computador ou da Moviola/assistente, estará limitado pelo tipo e pela quantidade de coisas que pode articular e pela qualidade das suas primeiras observações. A vantagem do sistema linear da KEM é que eu não preciso estar sempre falando com ela: às vezes é *ela* quem fala *comigo*. O sistema está sempre apresentando coisas a serem consideradas e acontece uma espécie de *diálogo*. Digamos que eu peça: "Quero ver aquele close da Teresa, número 317, no rolo 45." Ponho o rolo na máquina e, enquanto rodo para o número 317 (que pode estar a muitos pés do começo), a máquina me mostra tudo, em imagem acelerada, até aquele ponto. Ela, de fato está dizendo: "E que tal esse aqui? E esse?" É comum acontecer de, muito antes de chegar na tomada 317, surgirem três novas idéias a partir do material que passou pelos meus olhos: "Ah, essa outra tomada é muito melhor do que a que eu queria." Assim que a vi, considerei-a como possibilidade, mesmo não tendo pensado nela como uma opção.

Ao assistir ao copião pela primeira vez, você tem – baseado no roteiro – uma idéia mais ou menos preestabelecida do que está procurando. Digamos que mais tarde, checando suas primeiras anotações, você encontre, por exemplo: "212-4 R." O que significa isso? Que, *na época*, você achou que a tomada 4 da claquete 212 estava Ruim, mas não se preocupou em anotar o motivo. Muitas vezes, ao reeditar, o que você originalmente achou que não tinha utilidade pode vir a ser sua salvação.

No caso de apenas um plano, ou de duas dúzias, você provavelmente resolveria o problema da má interpretação dessas primeiras anotações, mas na verdade, um filme comum tem aproximadamente 700, 1.000, 2.000 planos, com uma média de mais de duas tomadas copiadas para cada plano. Quer dizer, haverá de duas a quatro mil tomadas sobre as quais você deverá ter uma opinião. É muita opinião, portanto você acaba voltando às suas primeiras anotações. Elas serão valiosas, mas limitadas se for tudo o que tiver.

Por outro lado, no sistema KEM, como o material está *quase* arbitrariamente armazenado em grandes rolos, você está descobrindo coisas novas enquanto procura o que pensa que quer. Você está fazendo um trabalho efetivo de criação e poderá encontrar o que *realmente* quer em vez do que *achava* que queria. Este sistema, com sua primeira colagem de cenas, é muito útil para ajudá-lo a se familiarizar com o material, mas torna-se particularmente valioso quando você está reeditando – quando suas primeiras anotações, fortemente influenciadas pelo roteiro, vão se tornando cada vez menos úteis à medida que o filme começa a falar por si mesmo.

É claro que há limites: um sistema muito linear (em que se leva muito tempo para se encontrar o que quer) seria enfadonho. Você ficaria enfastiado e/ou entediado rapidamente. Portanto deve existir um meio-termo. Na minha opinião, se o sistema for de acesso completamente randômico, isso é um defeito. Mas se for muito linear, também é. O que descobri pessoalmente é que, em virtude da minha primeira impressão do material, da velocidade na qual trabalho e dada a velocidade mecânica de uma KEM, armazenar o copião em rolos de dez minutos, na ordem em que foram filmados, me fornece exatamente a medida necessária de caos para que eu consiga trabalhar ao meu modo.

Os sistemas digitais Avid e Lightworks, são promissores devido ao seu potencial de aliar o que há de melhor no processo não-linear da Moviola com a possibilidade proporcionada pela KEM de manipular e revisar rapidamente uma grande quantidade de material. Atualmente ainda há problemas de procedimento com os sistemas digitais que, espero, sejam amenizados com o passar do tempo.

De qualquer forma, algumas coisas permanecem inalteradas seja qual for o sistema usado. Eu sempre reviso o material duas vezes. A primeira logo no dia seguinte em que foi filmado, anotando minhas impressões e qualquer outro eventual comentário do diretor. E, quando estou prestes a cortar determinada cena, pego todo o material relevante e dou uma segunda olhada fazendo anotações mais detalhadas do que da primeira vez.

Ao assistir ao copião pela segunda vez, você já evoluiu e o filme também. Provavelmente perceberá aspectos diferentes, porque pode ter juntado cenas que ainda não tinham sido filmadas da primeira vez em que viu o material. Os méritos e as falhas podem emergir com os personagens e acontecimentos à medida que eles se desdobram.

Para mim, o ideal seria fazer um primeiro corte, depois parar e olhar todo o material de novo, renovado. Se um dia vou conseguir fazer isso é outra questão, pois o cronograma atual dos filmes impossibilita tal procedimento. É aqui que entra a virtude oculta do sistema linear (KEM) – como o material é armazenado em rolos de dez minutos, está sendo constantemente revisto. Se fosse jardinagem, eu estaria falando de remexer a terra e ará-la.

Quando estou de fato editando uma cena, continuo trabalhando até que não consiga mais "me enxergar" no material. Quando revejo pela primeira vez o material editado, muito freqüentemente consigo lembrar com clareza (com clareza até demais!) o momento da decisão que me levou a cada um dos cortes. À medida que a cena é retrabalhada e aprimorada, deve-se torcer para chegar a um ponto em que cada tomada parece criar outra: essa tomada "faz" a seguinte, que "faz" a outra etc. Dessa forma o Walter Murch que inicialmente decide as coisas vai pouco a pouco se retirando até chegar a um ponto em que fica invisível, com os personagens dominando, com as cenas, a emoção e o enredo parecendo dominar. Às vezes, nos melhores momentos, esse processo atinge um nível em que olho o material e digo: "Não tive nada a ver com isso – ele se criou por si mesmo."

No que diz respeito à marcação de luz do primeiro copião, tive poucas experiências positivas e, por algum motivo, muitas frustrantes. A pior coisa é que os laboratórios projetam o filme a 24 quadros por segundo e, às vezes até, a 32 quadros por segundo, sem a possibilidade de parar ou voltar. Você fica sentado lá dizendo: "Esta tomada precisa ficar mais vermelha." "Qual?" "O close do pé." Enquanto isso, oito tomadas já se passaram. Na maioria das vezes, a impressão que se tem é que estão fazendo aquilo de propósito para mantê-lo quieto.

Um método que funciona comigo, que permite ver realmente o que está acontecendo e ser preciso nas anotações sobre a cor, é pegar o copião e a primeira cópia, colocá-las *em sincronismo* em cima de uma mesa de luz com as temperaturas de cores certas. Alguma coisa acontece quando uma pequena quantidade de luz atravessa o filme possibilitando que você veja tonalidades que são praticamente invisíveis ao se olhar para uma tela iluminada por um projetor. A cena pode estar meio esverdeada, mas, ao olhar para ela numa sala de projeção, você fica em dúvida: "Não sei. Essa tomada está meio verde ou muito azul?" É claro que, antes de ter decidido, você já está vendo outra coisa. Quando se trabalha com a mesa de luz o verde salta aos olhos, principalmente se você tem o copião para comparar. E você pode parar, avançar, retroceder etc.

É claro que trabalhar com um bom marcador de luz num bom laboratório equivale a qualquer colaboração bem-sucedida.

Projeções-teste: a dor reflexa

Perto do final do processo de edição de *Julia*, Fred Zinnemann constatou que o diretor e o editor, que ficaram trabalhando sozinhos no filme meses a fio, só conseguiriam fazer 90% do percurso até o filme finalizado – para os últimos 10% seria necessária a "participação do público", que ele via como seu último colaborador. Não no sentido de acatá-lo cegamente: sentia que a presença do público era importante como um revisor que evitasse que algumas obsessões se tornassem corrosivas e apontasse pontos obscuros que pudessem ter passado desapercebidos por conta do excesso de familiaridade com o material.

Esta era a minha experiência: todos os filmes nos quais trabalhei foram testados antes do lançamento, à exceção de *A conversação* e *A insustentável leveza do ser*. Fazíamos projeções, mas nunca abertas ao público em geral. Francis Coppola particularmente sempre foi um entusiástico defensor de projetar seus filmes em qualquer estágio que estivessem, sem se importar com seu grau de finalização. As projeções-teste eram restritas a pequenos grupos formados por umas dez pessoas que ele conhecia e dois ou três estranhos. Estes últimos não faziam idéia do assunto do filme, e ele os interrogava no final, um de cada vez, para comparar suas opiniões com a reação daqueles que já sabiam sobre o filme.

Fred Zinnemann, por outro lado, só mostrou *Julia* para o público quando o filme já estava tecnicamente terminado, com o negativo cortado e o som ótico pronto. Ele estava totalmente aberto para fazer alterações, mas não acredita que o público em geral consiga discernir colagens visíveis, desníveis de cor e edição de som incompleta, no que acho que tem razão.

Mesmo com os filmes tecnicamente finalizados, as projeções prévias são ardilosas. Pode-se aprender incrivelmente com elas, mas é preciso ter cuidado com interpretações precipitadas do que as pessoas têm a dizer, principalmente naquelas fichas que preenchem quando termina a exibição. Desconfio muito disso. A coisa que mais ajuda é simplesmente perceber como *você* se sente quando o filme está sendo mostrado para 600 pessoas pela primeira vez. Emocionalmente, parece que mãos gigantes o pegaram pelos cabelos, levantaram e viraram de lado a 90°. Você pensa: "Meu Deus, olha isso!" É como se você até então estivesse construindo um prédio, mas sempre se colocando na frente dele para avaliá-lo. De repente você está olhando para a lateral do edifício e vendo coisas que aparentemente nunca viu.

Não se deve aceitar cegamente as idéias sugeridas nas projeções-teste como não se deve fazê-lo com nenhuma outra. O que se pode aprender com a diferença *entre* essa projeção e outra? Dadas essas duas diretrizes, onde fica o Pólo Norte? As projeções são apenas uma forma de descobrir onde você se encontra.

Em *Julia*, houve um procedimento que, infelizmente, nunca vi se repetir. Havia uma pessoa numa mesa no hall de entrada do cinema e uma placa que dizia: "Se quiser falar conosco daqui a alguns dias, deixe o seu telefone." Essas conversas foram transcritas e acrescentadas à pesquisa. Se você for fazer projeções prévias e ouvir o que as pessoas têm a dizer, essa é a forma de fazê-lo – depois que elas tiveram um ou dois dias para digerir o filme. Não ligue para o que as pessoas escrevem no calor do momento, é uma reação distorcida. Neste processo há muito daquilo que em medicina é chamado de "dor reflexa".

Quando alguém vai ao médico e reclama de uma dor no cotovelo, aquele que pega o bisturi e começa a operar o cotovelo é um charlatão. Ao fazer isso, vai deixá-lo não só com a dor original, mas provavelmente também com uma dor no pulso e outra no ombro. Um médico experiente examina você, pede um raio X e chega à conclusão de que sua dor é provavelmente reflexo de um nervo inflamado do seu ombro – só que você sentiu no cotovelo. A dor no ombro foi "refletida" para o cotovelo. A reação do público é assim. Quando se pergunta diretamente: "Qual foi a cena de que você menos gostou?" e 80% das pessoas apontam a mesma cena, o impulso é "consertá-la" ou cortá-la. Mas é provável que não haja nada de errado com a cena. Pode ser que o público simplesmente não tenha entendido algo que precisava saber para que a cena funcionasse.

Assim, em vez de consertar a cena, você pode jogar uma luz em algo que acontece cinco minutos antes. Não opere, necessariamente, o cotovelo: descubra se tem um nervo inflamado em outro lugar. O público nunca dará uma resposta direta; vai simplesmente dizer onde está doendo, mas não a origem da dor.

As decisões de edição se tornam particularmente sutis nos dias que precedem o lançamento, já que as alterações nessa hora serão freqüentes. Se você, como editor, tem convicção de alguma coisa específica nesse momento, deve defender sua opinião com todas as forças e da forma mais persuasiva – talvez trabalhando até mais tarde e fazendo uma versão-teste de sua idéia ou esboçando alguma coisa –, mas também deve ser discreto, saber com quem está lidando e apresentar as suas idéias para o diretor ou o produtor nas circunstâncias adequadas. A maneira de você fazer isso tem a ver com todo o seu histórico de trabalho, com os moldes de sua contratação, com o grau de respeito que você tem pelo diretor e vice-versa.

Lembro-me particularmente de um momento, depois das exibições prévias de *Julia*, quando Fred Zinnemann e eu estávamos debatendo que alterações finais fazer na estrutura do começo, que pareceu de difícil compreensão para o público. O rolo de abertura do filme tinha uma intrincada seqüência de flashbacks – a lembrança da lembrança da lembrança da lembrança – e talvez estivesse sobrando. Sugeri que eliminássemos uma cena que ocupava um único lugar na estrutura do filme (uma que nunca era reprisada); decidimos removê-la, já que assim as cenas restantes se transformariam numa seqüência mais compreensível. Quando estava desfazendo as emendas (emitiram um ruído agudo quando se desgrudaram, como se estivessem gritando de dor), Zinnemann comentou casualmente: "Assim que li essa cena no roteiro, soube que poderia fazer esse filme."

Hesitei um pouco, olhei pra ele e continuei desfazendo as emendas. Mas meu coração bateu forte porque, nessa altura do processo, você não sabe mais nada, tem apenas que *acreditar* que está fazendo a coisa certa. Será que estávamos equivocadamente tirando fora o coração do filme ou será que estávamos cortando o cordão umbilical?

Pensando em retrospectiva, acredito que *era* o cordão umbilical e que estávamos certos em cortá-lo: a cena teve um papel essencial num determinado momento que foi o de associar Fred Zinnemann ao projeto, porém, uma vez feita a conexão e uma vez a sensibilidade de Zinnemann tendo se estendido dessa cena para todas as outras do filme, ela poderia ser removida sem nenhum problema.

Mas essas coisas nos fazem hesitar.

Não se preocupe, é apenas um filme

No começo do livro perguntei: por que os cortes funcionam? *Sabemos* que funcionam e é surpreendente que o façam dada a violência que de fato acontece: no momento do corte há uma instantânea e total descontinuidade do campo visual.

Lembro-me de uma vez estar voltando para a sala de edição vindo da sala de mixagem (onde os movimentos são contínuos e graduais) e ficar chocado com a brutalidade do processo do corte. O "paciente" é pregado numa prancha e fora! Esse! Aquele! Dentro! Fora! Cortamos em pedaços o pobre do filme numa guilhotina em miniatura e depois colamos os pedaços desmembrados como no monstro do dr. Frankenstein. A diferença (diferença miraculosa) é que desse aparente sangramento nossa criação pode ganhar não somente vida, mas espírito também. E o mais impressionante é que não vivenciamos em nosso dia-a-dia o deslocamento instantâneo causado pelo corte.

Estamos, é claro, acostumados a essas coisas em música (Beethoven foi o mestre inovador nesse sentido) e também em nossos pensamentos – quando um pensamento passa por cima de todos os outros, para depois ser atropelado pelo seguinte. Mas nas artes dramáticas – teatro, balé, ópera – não parecia haver uma forma de conseguir um deslocamento total e instantâneo: afinal, a maquinaria de palco só atinge uma determinada velocidade. *Então, por que os cortes funcionam?* Será que têm algum fundamento oculto em nossa própria experiência ou são apenas uma invenção conveniente para os realizadores de filmes com a qual, por alguma razão, as pessoas simplesmente se acostumaram?

Bom, apesar da realidade do "dia-a-dia" parecer contínua, *existe* aquele outro mundo no qual passamos pelo menos um terço de nossas vidas: os sonhos. E as imagens dos sonhos são muito mais fragmentadas, pois se entrelaçam de um jeito muito mais abrupto do que as imagens da realidade – o que os aproxima da interação produzida pelos cortes.

Talvez a explicação seja bastante simples: aceitamos os cortes porque nos lembram as imagens justapostas dos sonhos. De fato, a brutalidade do corte pode ser a chave determinante para efetivamente *produzir* a similaridade entre os filmes e os sonhos. No escuro do cinema, estaríamos dizendo para nós mesmos: "Isto parece realidade, mas não pode ser realidade porque é muito descontínuo visualmente; portanto deve ser um sonho."

(Ao mesmo tempo é revelador pensar que a frase usada pelos pais para acalmar seus filhos assustados com um pesadelo – "Não se preocupe, querido, é apenas um sonho" – seja praticamente a mesma que a usada para tranqüilizar uma criança assustada com um filme – "Não se preocupe, querido, é apenas um filme." Sonhos e filmes assustadores têm o mesmo poder de anular defesas que seriam eficazes para livros, pinturas e músicas igualmente assustadoras. É difícil, por exemplo, imaginar a frase: "Não se preocupe, querido, é apenas um quadro.")

O problema da comparação entre filmes e sonhos é que ela é interessante, provavelmente verdadeira, mas relativamente infrutífera. Sabemos tão pouco sobre a natureza dos sonhos que não há o que acrescentar à observação, depois de feita.

Um aspecto a ser considerado porém é a possibilidade de existir uma parcela da nossa realidade que, mesmo acordados, vivenciamos como cortes cinematográficos, quando as imagens da realidade se agrupam numa justaposição mais descontínua do que parece.

Comecei a pensar nisso por ocasião do primeiro filme que editei – A *conversação* –, quando reparei que Gene Hackman (no filme, Harry Caul) piscava em momentos muito próximos aos pontos em que eu decidia cortar. Era interessante, mas eu não sabia o que fazer com isso.

Foi então que certa manhã, depois de ter virado a noite trabalhando, saí para tomar café e, passando em frente a uma sala de leitura da Christian Science, vi que a primeira página de um número da *Monitor* trazia uma entrevista com John Huston. Parei para ler e uma coisa me chamou muito a atenção porque tinha a ver exatamente com a questão do piscar de olhos:

"Para mim o filme perfeito é aquele que se desenrola como que por trás dos seus olhos, como se os seus olhos o projetassem e você estivesse vendo o que quer ver. Filme é como pensamento. De todas as artes, é a mais próxima do processo de pensar.

Olhe para aquela lâmpada ali. Agora olhe para mim. Olhe de novo para a lâmpada. Agora para mim de novo. Viu o que fez? Você *piscou*. Isso são *cortes*. Depois de ver uma primeira vez, você sabe que não precisa fazer um movimento contínuo entre mim e a lâmpada porque já sabe o que tem no meio. A sua mente corta a cena. Primeiro você olha a lâmpada. *Corta*. Depois olha pra mim."[12]

O que Huston nos pede para observar é o piscar, um mecanismo fisiológico que interrompe a aparente continuidade visual da nossa percepção. A minha cabeça pode se mover lentamente quando olho de um lado da sala para o outro, mas na verdade estou cortando o fluxo das imagens visuais em fragmentos significativos e assim justapondo e comparando esses fragmentos (que no exemplo de Huston são o rosto e a lâmpada) sem informações irrelevantes no meio do caminho.

É claro que há um limite para o tipo de justaposição que conseguimos fazer: não dá para avançar ou voltar no tempo e no espaço (e essa é a prerrogativa dos sonhos e dos filmes).[13] Ainda assim, o deslocamento visual que consigo apenas girando a cabeça (do Grand Canyon à minha frente para a floresta às minhas costas, ou mesmo de um lado para o outro dessa sala) pode ser gigantesco.

Depois de ler aquela entrevista, passei a observar as pessoas, a reparar quando piscavam, e comecei a descobrir algo bem diferente do que nos é ensinado nas aulas de biologia da escola – que o piscar seria simplesmente uma forma de umedecer a superfície dos olhos. Se fosse só isso para cada ambiente e cada pessoa, haveria um intervalo meramente mecânico dependendo da umidade, da temperatura, do vento etc. Uma

---

[12] *Christian Science Monitor*, 11.08.1973. Louise Sweeney entrevista John Huston.

[13] Ver nota 16.

pessoa só piscaria quando seus olhos estivessem secos e haveria um intervalo constante para cada ambiente. Não é o caso. Às vezes as pessoas mantêm os olhos abertos durante vários minutos, em outros momentos piscam repetidamente, a intervalos variados. A pergunta é: o que as faz piscar?

Por um lado, estou certo de que todos vocês já se depararam com alguém que está com tanta raiva que nem pisca: o que eu acho é que essa pessoa está com uma idéia tão fixa que está inibindo a necessidade e o impulso de piscar.[14] E tem também um tipo de raiva que, ao contrário, faz a pessoa piscar a cada segundo. Nesse caso a pessoa está sendo assaltada por várias emoções e pensamentos conflitantes e está piscando para tentar desesperada e inconscientemente separar esses pensamentos, entender as coisas, e recuperar um pouco de controle.

Parece-me portanto que o nosso ritmo de piscar é tanto mais controlado pelo nosso estado emocional e pela natureza e freqüência de nossos pensamentos do que pelo ambiente atmosférico em que nos encontramos. Mesmo que não haja movimento de cabeça (como havia no exemplo do Huston) o piscar *é algo que auxilia uma separação interna de pensamentos* ou é *um reflexo involuntário que acompanha a separação mental que está acontecendo de qualquer forma.*[15]

---

[14] Há aquela famosa frase dos clássicos embates de *cowboys* (e agora os diplomáticos) que é: "ele piscou". Nesse jogo que testa a valentia o perdedor não conseguiu se segurar na posição e permitiu que algum outro pensamento o atrapalhasse no momento crítico. O piscar determina o momento em que ele sucumbiu.

[15] O dr. John Stern da Universidade de Washington em St. Louis publicou em 1987 um trabalho experimental sobre a psicofisiologia do piscar que parece confirmar isto.

Não é apenas a *quantidade* de piscadas que é significativa, mas também o próprio *instante* em que elas acontecem. Comece uma conversa com alguém e repare quando a pessoa pisca. Você provavelmente vai perceber que o ouvinte irá piscar exatamente na hora em que "pescar" o que você está dizendo, nem um instante antes, nem depois. Por que seria isso? Bom, a fala é cheia de gracinhas e elaborações nas quais não reparamos – os equivalentes, na conversa, de "Prezado Senhor" e "Atenciosamente" – e a mensagem que temos para passar é freqüentemente "espremida" entre uma introdução e uma conclusão. O piscar acontecerá quando o ouvinte perceber que a "introdução" acabou e que agora algo significativo será dito ou quando achar que estamos "desacelerando" e nada mais de significativo será dito por enquanto.

Esse piscar acontecerá onde o corte aconteceria se a conversa fosse filmada.

Nem um quadro antes, nem um depois.

Portanto absorvemos uma idéia, uma seqüência ligada de idéias, e piscamos para separar e pontuar essa idéia para o que vem a seguir. Da mesma forma, num filme, um plano nos apresenta uma idéia, ou uma seqüência de idéias, e o corte é uma "piscada" que separa e pontua essas idéias.[16] Na hora que você decide um corte, está efetivamente dizendo: "Vou encerrar essa idéia e começar algo novo." É importante enfatizar que o corte propriamente não provoca o piscar – o cachorro é

---

[16] Isso pode ocorrer independente do tamanho da "idéia". Por exemplo, a idéia pode ser tão simples quanto "ela se move rápido para a esquerda".

que abana o rabo e não o contrário. Entretanto, se o corte estiver bem colocado, quanto mais extrema descontinuidade visual (de um interior escuro para um exterior claro, por exemplo) mais preciso será o efeito da pontuação.

De qualquer forma, acredito que as justaposições "fílmicas" acontecem não apenas quando sonhamos, mas também quando estamos acordados. E, de fato, chegaria ao ponto de dizer que essas justaposições não são artefatos mentais casuais, mas parte da metodologia que usamos para dar sentido ao mundo: temos que transformar a realidade em uma descontinuidade visual, do contrário ela iria nos parecer uma linha de letras sem separação por palavras ou pontuação quase que incompreensível. Portanto quando sentamos na sala escura do cinema vemos os filmes editados com (surpreendente) familiaridade. Nas palavras de Huston: "É a coisa mais parecida com o pensamento".[17]

---

[17] William Stokoe faz uma comparação intrigante entre a edição de filmes e a linguagem de sinais americana: "Na linguagem de sinais a narrativa não é linear. Ao contrário, a essência é cortar de uma visão normal para um close para um plano aberto e novamente para um close, incluindo até cenas de flashback e *flashforward* exatamente como faz um editor. Não somente a linguagem de sinais é mais parecida com filmes editados do que com a linguagem escrita, mas também cada pessoa que faz os sinais faz um papel muito parecido com o da câmera: o campo de visão e o ângulo de visão são dirigidos e variáveis." William Stokoe, *Language in Four Dimensions*, New York Academy of Sciences (1979).

"Dragnet"

Se a freqüência e o ritmo com que piscamos refletem diretamente o ritmo e a seqüência de nossas emoções e pensamentos, então são reflexos de nossas personalidades e portanto tão característicos de cada um de nós quanto nossa assinatura. Logo, se um ator é bem-sucedido ao se projetar nas emoções e pensamentos de um personagem, ele vai, *natural e espontaneamente*, começar a piscar nos momentos em que o personagem piscaria na vida real.[18]

Acho que era isso que eu estava pensando vendo a atuação de Hackman em *A conversação* – ele havia assumido a personalidade de Harry Caul, estava pensando uma série de pensamentos de Harry, do jeito que Harry pensaria e, portanto, piscava no ritmo desses pensamentos. Como eu estava absorvendo o ritmo que ele estava me transmitindo e tentando pensar coisas semelhantes, meus pontos de corte naturalmente coincidiam com esses "pontos de piscadas". De certa

[18] Uma das coisas que caracteriza uma atuação fraca é que o ator parece piscar nas horas "erradas". Por mais que não se perceba isso conscientemente, o ritmo no qual o ator pisca não coincide com o ritmo dos pensamentos que se espera do personagem. O ator provavelmente não está pensando nada que o personagem estaria, mas sim: "O que será que o diretor está achando? Será que ele está gostando?", ou "Qual é mesmo a próxima fala?".

forma eu redirecionara meu circuito neural para que o comando semi-involuntário de piscar me levasse a apertar o botão de *parar* na máquina de edição.

Com o mesmo objetivo, uma coisa que me disciplino a fazer é escolher o ponto de "saída" de um plano marcando-o em tempo real. Quando não consigo fazer isso – marcar a saída naquele mesmo quadro repetidamente estando a 24 quadros por segundo –, sei que há algo de errado com a minha abordagem do plano, então mudo de idéia até encontrar um ponto onde *consiga* marcar. Nunca escolho o "ponto de saída" adiantando e retrocedendo o filme e comparando um quadro com o outro para chegar à melhor combinação. Esse método – ao menos para mim – é a garantia de produzir um "ritmo surdo dentro do filme.

Em todo caso, uma das funções do editor é se "sensibilizar" para os ritmos que os (bons) atores estabelecem, e então achar formas de "espalhar" esses ritmos para territórios não alcançados pelo ator, para que o andar do filme como um todo seja uma elaboração desses padrões de pensar e sentir. E uma das muitas formas de assumir esse ritmo é perceber – consciente ou inconscientemente – os momentos em que o ator pisca.

Há uma forma de editar que ignora todas essas questões que eu chamaria de sistema "Dragnet", nome inspirado na série de tevê homônima da década de 1950.

A norma dos programas era manter cada palavra do diálogo na tela. Quando alguém terminava de falar, havia uma pequena pausa e um corte para a pessoa que começaria a falar em seguida, e quando esta por sua vez terminava havia um corte de volta para a primeira pessoa, que fazia sinal com a cabeça ou falava alguma outra coisa, e então quando *esta* pessoa terminasse, cortava-se mais uma vez etc. Isso acontecia também com palavras soltas. "Você já foi ao Centro?" *Corta.* "Não." *Corta.* "Você vai quando?" *Corta.* "Amanhã." *Corta.* "Você viu o seu filho?" *Corta.* "Não, ele não voltou para casa ontem." *Corta.* "A que horas ele costuma chegar?" *Corta.* "Às duas." *Corta.* Na época em que surgiu, essa técnica chamou a atenção por seu realismo aparentemente duro.

O sistema "Dragnet" é um jeito simples de editar, mas é de uma simplicidade rasa que não reflete a complexa gramática de trocas que acontece o tempo todo mesmo na mais comum das conversas. Ao observar um diálogo entre duas pessoas, você não foca a atenção unicamente na pessoa que está falando. Na verdade, enquanto *uma pessoa estiver falando* você vai virar e olhar para o ouvinte para descobrir o que ele pensa do que está sendo dito. A questão é: "Quando, exatamente, você se vira?"

Em certos momentos durante uma conversa parece que não *conseguimos* piscar ou virar nossas cabeças (pois ainda estamos recebendo informações importantes), e em outros momentos *precisamos* piscar ou virar para o outro lado para entender melhor o que ouvimos. A meu ver, há momentos similares em cada cena onde, pelos mesmos motivos, o corte *não pode* acontecer ou, ao contrário, onde é *preciso* cortar. Todos os planos têm "pontos de corte" potenciais, assim como uma árvore tem galhos, e, ao identificá-los, você poderá escolher pontos diferentes dependendo do que o público esteve pensando até aquele momento e do que você quer que ele pense em seguida.

Por exemplo, se eu cortar de um personagem *antes* que termine sua fala, estou encorajando o público a pensar apenas no possível significado de suas palavras. Por outro lado, se permaneço no personagem até *depois* que termine a fala, permito que o público perceba, pela expressão de seus olhos, que ele provavelmente está mentindo. Isso provocará uma mudança de opinião sobre ele e sobre o que está sendo dito. Mas como se leva *um certo tempo* para perceber isso, não posso cortar muito cedo: ou corto enquanto ele está falando (galho número um) ou espero até que o público perceba que ele está mentindo (galho número dois), *mas não posso cortar entre esses dois galhos* – fazer isso pareceria muito demorado ou rápido demais. Os pontos são fixados organicamente pelo próprio ritmo do plano e pelo que o público está pensando até aquele momento do filme,[19] mas sou livre para escolher um ou outro (ou ainda um outro, mais adiante) dependendo do que quero que o público descubra.

Portanto deve-se conseguir cortar do falante para o ouvinte e vice-versa num padrão psicologicamente interessante, complexo e "correto", que reflita a mudança de foco e descobertas que acontecem na vida real: assim se estabelece um ritmo que ao mesmo tempo se contrapõe às idéias que estão sendo expressas e consideradas e as reforça. Uma das ferramentas para identificar exatamente onde estão esses pontos de corte, esses "galhos", pode ser compará-los à nossa média

---

[19] Uma forma de mudar os pontos é colocar o plano num outro contexto, em que o público estará sentindo e pensando coisas diferentes.

de piscadas, que estiveram reforçando o ritmo de nossos pensamentos por dezenas, milhares, talvez milhões de anos da história da humanidade. Onde você achar que deve piscar – se estiver realmente ouvindo o que está sendo dito – é onde o corte parecerá certo.

Então, há três problemas entrelaçados:

1) identificar uma série de potenciais pontos de corte (e a comparação com o piscar pode ajudar nisso)
2) determinar qual o efeito que cada ponto de corte terá no público
3) escolher qual desses efeitos é o mais correto para o filme

Acredito que a seqüência de pensamentos – quer dizer, o ritmo e freqüência dos cortes – deve se adequar a qualquer coisa que o espectador esteja assistindo. A média de piscadas do "mundo real" está entre quatro a 40 piscadas por minuto. Se você estiver numa luta, estará piscando dezenas de vezes por minuto porque está pensando dezenas de coisas conflitantes por minuto – portanto quando se está assistindo a uma luta num filme, o ideal são dezenas de cortes por minuto.[20] De fato, as duas médias – do piscar da vida real e de cortes no filme – são suficientemente próximas para que se faça a comparação: dependendo de como for encenada, uma seqüência de ação convincente pode ter cerca de 25 cortes por minuto,

---

[20] Isso fará com que o público participe da luta. Se, por outro lado, você quer criar um distanciamento objetivo – fazer com que o público veja a própria luta como o fenômeno – deve reduzir consideravelmente o número de cortes.

ao passo que uma cena de diálogo ainda pareceria "normal" (num filme americano) com uma média de seis cortes por minuto ou menos.

Deve-se acompanhar as piscadas, talvez com um sutil direcionamento. É claro que não se deve esperar que o público pisque a cada corte – o ponto de corte deve ser um ponto de piscada em *potencial*. De certo modo, com o corte, com esse súbito deslocamento do campo de visão, você está piscando *pelo* público: você chega à instantânea justaposição de dois conceitos para o público – coisa que ele faz piscando na vida real, como no exemplo de Huston.

O trabalho do editor é em parte antecipar e em parte controlar o processo de pensamento do público. Dar a ele o que ele quer e/ou o que precisa imediatamente antes de ele ter que "*pedir*" – surpreender e explicitar ao mesmo tempo. Se você estiver muito atrasado ou muito adiantado, terá problemas, mas se estiver em harmonia com o público, direcionando-o sutilmente, o fluxo dos acontecimentos parecerá normal e estimulante ao mesmo tempo.

Uma galáxia de pontos piscantes

Nesse sentido, seria fascinante filmar uma platéia utilizando um infravermelho e descobrir quando e com que freqüência as pessoas piscam ao assistir a um filme. Meu palpite é que, quando o público está realmente envolvido pelo filme, ele está pensando (e portanto piscando) no ritmo do filme.

Há um efeito maravilhoso que se produz ao projetar diretamente uma luz infravermelha junto com as lentes da câmera. Os olhos de todos os animais (incluindo os humanos) refletem uma parte dessa luz de volta para a câmera e, no lugar dos olhos, vemos uns pontinhos brilhantes: é uma versão do efeito dos "olhos vermelhos" nas fotos de família tiradas com a luz do flash.

Se você filmasse uma platéia assistindo a um filme com uma luz infravermelha de alto contraste colocando a câmera no palco e alinhando a fonte da luz com a câmera, você veria uma galáxia desses pontos brilhantes num fundo preto. E quando alguém da platéia piscasse, haveria uma interrupção momentânea de um par desses pontinhos.

Se fosse verdade, se *houvesse* alguns momentos em que esses milhares de pontinhos piscassem mais ou menos em uníssono, o realizador do filme teria a seu dispor uma ferramenta extremamente poderosa. O piscar coincidente seria um forte indício de que a platéia está pensando junto e que o filme está funcionando. Mas as piscadas alternadas indicariam que a platéia está perdida, que começou a pensar onde vai jantar, ou se o carro está estacionado num lugar seguro etc.

Você pode notar que, quando as pessoas estão realmente "dentro" do filme, ninguém vai tossir em determinados momentos mesmo que esteja gripado. Se a tosse fosse simplesmente um pigarro ou reflexo de uma congestão, seria aleatoriamente constante, independentemente do que estivesse acontecendo na tela. Mas a platéia se segura em certos momentos, e eu estou sugerindo que, nesse sentido, o piscar se parece um pouco com a tosse. Há uma gravação famosa de Sviatoslav Richter tocando *Quadros de uma exposição* de Mussorgsky durante uma epidemia de gripe na Bulgária, há muitos anos. O que aconteceu foi evidente: enquanto ele tocava algumas passagens, ninguém tossia. Nesses momentos ele conseguiu, com a sua arte, suprimir a tosse de 1.500 pessoas gripadas.

Acho também que essa atenção inconsciente em relação ao piscar é algo que acontece dissimuladamente no dia-a-dia. Uma coisa que incomoda é sentir que alguém está, sem saber, piscando errado. "Ele pisca muito" ou "Ele não pisca o bastante" ou "Ele pisca nas horas erradas." Isso quer dizer que ele não está realmente ouvindo nem acompanhando seu pensamento.

Em contrapartida, a pessoa que está realmente interessada no que você está dizendo vai piscar nos momentos "certos", no ritmo "certo", e você se sentirá confortável na presença dela. Acho que sabemos essas coisas intuitivamente, inconscientemente, sem precisar que alguém nos ensine. Não me surpreenderia se descobrisse que isso é parte da nossa estratégia pessoal de relacionamento.

Ao sugerirmos que alguém não é um bom ator, não estamos dizendo que não é um bom ser humano; mas apenas que aquela pessoa não está tão *dentro* do personagem quanto quer que a gente acredite, e que está nervoso com isso. Isso pode ser visto nitidamente numa campanha política, quando às vezes fica patente uma significativa distinção entre quem a pessoa é e quem gostaria que os eleitores acreditassem que fosse: algo vai sempre estar "errado" com o ritmo e momento em que essa pessoa pisca.

Isso nos traz de volta a uma das maiores responsabilidades de um editor, que é estabelecer um ritmo de emoções e pensamentos interessante e coerente – em pequena e grande escala – que permita que o público confie no filme e a ele se entregue. Sem que se perceba o motivo, um filme mal-editado faz com que o público se contenha, dizendo inconscientemente: "Há algo de difuso e nervoso na forma como o filme está pensando, na forma em que se apresenta. Não quero pensar dessa forma, logo não vou me envolver tanto quanto poderia." Ao passo que um bom filme bem editado é uma emocionante extensão e elaboração dos sentimentos e pensamentos do público, que portanto se entregará ao filme como este se entrega a ele.

Posfácio

Edição Digital de Filmes

Passado, presente e futuro imaginário

No primeiro quarto do século XX, a sala do editor de um filme era um lugar tranqüilo, equipado apenas com uma enroladeira, uma tesoura, uma lente de aumento e a certeza de que a distância da ponta do nariz aos dedos de uma mão esticada representava mais ou menos três segundos. Naqueles dias manuais, pré-mecânicos – aproximadamente de 1900 a 1925 –, a sala de corte era uma alfaiataria tranqüila onde o tempo era medido pelo pano.

A editora (muitos editores então eram mulheres) via o filme projetado logo que chegava do laboratório, e depois reexaminava os quadros estáticos com a lente de aumento lembrando como eram em movimento e cortando com a tesoura onde achava correto. Paciente e algo intuitivamente ela costurava a matéria-prima do filme usando um clipe de papel para unir as tomadas que, mais tarde, seriam "cimentadas" uma à outra por um técnico no fim do corredor.

Projetava então o resultado ao lado do diretor e do produtor, tomando notas, e voltava para a sala para fazer mais ajustes, diminuindo isto e aumentando aquilo, como numa segunda prova de roupa. Essa nova versão era projetada e o ciclo se repetia até se chegar ao mais próximo da perfeição.

É surpreendente lembrar que a humilde Moviola (aquela máquina cor de sapo presente em quase todas as salas de edição nos últimos 70 anos) fora rejeitada por muitos editores da era pré-mecânica por ser demasiado cara, barulhenta e pouco prática – perigosa inclusive, dado que os filmes na época eram feitos de nitrato de celulose, substância bastante inflamável quimicamente similar à dinamite. Para piorar (se é que é possível), a principal qualidade da Moviola – a possibilidade de se estudar o *movimento* das imagens, quadro-a-quadro – era considerada um apêndice irrelevante que acabava sendo um obstáculo ao trabalho a ser feito.

Após uma primeira tentativa de inserção no mercado no começo da década de 1920, a máquina foi oferecida ao público como um meio de se assistir a filmes em casa – daí o simpático nome de Moviola, herdado da então popular Victrola de tocar discos. Ela seria provavelmente relegada a uma nota de pé de página na história do cinema, não fosse por uma fortuita descoberta tecnológica em 1927: o som.

O som – o cinema falado – foi o cavalo-de-tróia introduzido na estrondosa era mecânica da edição. Nenhuma lente de aumento ou regra de três segundos podia ajudar o editor a fazer leitura labial daqueles quadros silenciosos, e a Moviola de "duas cabeças" (som e imagem) adentrou o reduto das produtoras, onde ela e suas herdeiras européias mais sofisticadas – as alemãs Steenbeck e KEM, a italiana Prevost e a francesa Moritone – vêm reinando desde então.

Até agora.

Agora, início do século XXI, a edição de filmes vem passando por uma transição de um processo mecânico para um eletrônico, em que a Moviola é cada vez mais percebida – quando percebida– como um artefato nostálgico e divertido exposto no *hall* de entrada dos estúdios de finalização de pós-produção.

Em 1992, quando este livro foi publicado pela primeira vez, quase todos os filmes ainda eram editados mecanicamente, mesmo com a escalada da onda eletrônica. Agora, no início do século XXI, a situação se inverteu: quase todos os filmes estão sendo editados eletronicamente, em computadores.

Isso não significa dizer que o filme *em si* – a tira de celulóide perfurada de 35mm – tenha desaparecido. Ele ainda é (e será por alguns anos) o meio que capta a imagem em primeiro lugar, e ainda é (talvez por menos tempo) o meio pelo qual o filme chega aos cinemas.

Os sistemas eletrônicos mais comumente empregados hoje são: Avid, o sistema mais cuidadosamente desenvolvido e, de longe, o mais usado; Final Cut Pro, um programa desenvolvido recentemente pela Apple usado em sistemas operacionais Macintosh; e Lightworks, que roda apenas em Windows. Há diferenças funcionais entre os três, mas eles trabalham basicamente da mesma forma:

1. **uma vez rodado e revelado no laboratório**, o filme é copiado para o computador por meio de um processo de *digitalização.* Isso permite que cada quadro do filme seja armazenado no disco rígido praticamente da mesma forma que um programa gráfico, como o Photoshop, armazena fotografias digitalizadas.

2. **cada quadro do filme** passa a corresponder a um número ou *endereço* específico num banco de dados. Isso permite que o editor veja esses quadros em qualquer ordem seqüencial. O programa guarda uma memória dessas versões, que podem ser vistas repetidamente e alteradas

à vontade, assim como um arquivo de texto pode ser "revisto" num processador de texto.

3. **depois de decidida a seqüência correta**, o programa imprime uma lista dessas decisões que é chamada de *lista de decisões de edição* (EDL*). Essa lista permite que o filme de 35mm seja conformado com o que está no computador, através das ferramentas tradicionais de edição. O filme finalizado poderá então ser exibido em uma sala com projetores convencionais.

Mas por que alguém escolheria esse caminho sinuoso? Por que não simplesmente montar em filme, sobretudo considerando que tudo começa em filme e termina em filme? Por que abrir mão de uma forma perfeitamente eficaz de se fazer filmes, aperfeiçoada ao longo de muitos anos e (brilhantemente) usada para fazer todos os filmes clássicos que conhecemos e adoramos?

Essas são boas perguntas. Ou pelo menos eram há oito ou dez anos, quando muitos editores se perguntavam isso.

Na verdade, alguns ainda se perguntam: três dos mais conhecidos diretores dos últimos 30 anos – Steven Spielberg, David Lynch, e Alan Parker – ainda preferem montar em filme. Spielberg chegou ao ponto de comprar Moviolas com peças sobressalentes e garantir o serviço de técnicos dedicados para mantê-las em perfeitas condições de trabalho em um futuro próximo. Nas páginas que se seguem eu gostaria de

---

* A sigla refere-se ao nome em inglês: Edit Decision List. (N.T.)

rever como se deu essa revolução eletrônica-digital; por que ela aconteceu apesar da sua complexidade e da resistência de pessoas influentes; e examinar algumas das implicações técnicas e artísticas futuras de uma indústria de filmes completamente digitalizada.

Números astronômicos

Em primeiro lugar gostaria de ressaltar o número astronômico de combinações possíveis de imagens num filme. Isso sempre foi assim, independentemente do sistema de edição usado: manual, mecânico ou eletrônico.

Se uma seqüência é fotografada com apenas dois planos – cada um com duas posições de câmera diferentes (digamos, A e B) – você pode escolher um ou outro ou uma combinação dos dois. Como resultado, você tem pelo menos quatro maneiras de usar essas duas imagens: A, B, A+B e B+A. No entanto, quando o número é bem maior que dois planos – e um diretor filma em média 25 planos para uma seqüência –, o número de combinações possíveis sobe astronomicamente.

Há uma fórmula para isso. Ei-la:

$$C = (e \times n!) - 1$$

"C" é o número mínimo das diferentes maneiras de se montar uma seqüência usando-se "n", todos os planos que o diretor fez para aquela cena; "e" é o número transcendental 2,71828..., uma dessas constantes misteriosas (como π) que talvez você se lembre da escola. E o ponto de exclamação depois de "n" (um momento emotivo dos matemáticos!) representa *fatorial*, o que significa que você multiplica todos os números até aquele em questão inclusive.

Por exemplo, o fatorial de 4 = 1x2x3x4 = 24. O fatorial de 6 = 1x2x3x4x5x6 = 720; como se vê, o número aumenta rapidamente. O fatorial de 25 é um número bastante elevado, algo como 15 bilhões de bilhões de milhões – ou 15 seguido por 24 zeros. Multiplique isto por "e" e você terá (aproximadamente) 40 seguido por 24 zeros. Menos um.

Quer dizer, uma seqüência feita com apenas 25 planos pode ser editada em aproximadamente 39.999.999.999.999.999.999.999.999 formas diferentes. Em quilômetros isso é 40 vezes a circunferência do universo perceptível.

Com uma seqüência de 59 planos, o que não é raro acontecer, você teria tantas versões possíveis quanto o número de partículas subatômicas no universo! Algumas das seqüências de ação que editei tinham mais de 250 planos, pode-se imaginar então as cifras envolvidas: 88 seguido por uma página inteira de zeros – ou 91 deles.

É claro que a maioria absoluta dessas versões é muito ruim. Como na história de um milhão de chimpanzés e um milhão de máquinas de escrever, a maior parte das coisas que sai dali não faz o menor sentido. Por outro lado, mesmo um número "pequeno" como 40 seguido por 24 zeros é tão imenso que uma pequena percentagem dele (as potencialmente boas versões) ainda serão muitas. Se apenas uma versão, em cada quatrilhão, faz sentido, ainda nos restam 40 milhões de versões possíveis. Para apenas uma seqüência. E um filme em geral tem centenas de seqüências, que podem elas mesmas ser dispostas diferentemente da ordem original do roteiro (e muitas vezes o são).

Portanto o frio na barriga que todo editor sente no começo de um projeto se deve ao reconhecimento – consciente ou não – do imenso número de escolhas que terá de enfrentar. Os números são tão gigantescos que não há a menor possibilidade de a edição digital se transformar numa espécie de jogo de xadrez automático, em que todas as opções são avaliadas antes da jogada. Porém a edição eletrônica, mais que os métodos mecânicos tradicionais, oferece um leque maior de opções para se lidar com esses números super-astronômicos, e com mais rapidez.

As vantagens eletrônicas

O que se está de fato criando no computador é uma *montagem virtual*, as imagens em si não são alteradas, mas apenas as instruções no computador de o quê fazer com elas (lembre-se da já mencionada *EDL* ou lista de decisões de edição). Essa é uma diferença fundamental em relação aos sistemas mecânicos, que criam o que se denomina dramaticamente de *montagem destrutiva* do filme. Isso significa simplesmente que, na edição mecânica, as *imagens* e as *informações sobre a disposição* das imagens são uma coisa só: você estabelece a informação sobre a seqüência dos planos automaticamente ao colocá-los em determinada seqüência. Isso é assim mesmo, auto-explicativo. No entanto, não é isso que acontece com a edição computadorizada: a informação sobre a ordem dos planos é guardada em um lugar diferente dos planos em si.

Isso significa dizer que a cada momento que se assiste a uma seqüência no sistema computadorizado de edição, as imagens estão sendo magicamente montadas *enquanto se está assistindo*. Quando se quer fazer algo completamente diferente com uma seqüência, o sistema não muda – o que muda são apenas as instruções, a receita desse prato específico, e não o prato em si. Num sistema mecânico é preciso desfazer a versão A antes de criar a versão B (destruindo a versão A durante o processo).

A diferença crucial entre os sistemas mecânico e digital está diretamente relacionada às características que impulsionaram os sistemas de edição eletrônica de acesso randômico e fizeram com que fosse aceito no lugar dos velhos sistemas mecânicos.

Antes de continuarmos, vou resumir rapidamente essas características:

- **a maior rapidez** é certamente o mais importante (e mais mencionado) atributo dos sistemas eletrônicos. A rapidez é desejada tanto pelos estúdios, que querem seus filmes prontos logo, como pelos editores, que tentam concentrar o máximo de criatividade possível em cada hora dada pelos produtores. Freqüentemente a primeira pergunta feita sobre um editor é "ele é rápido?", e qualquer ferramenta que favoreça a velocidade será bem-vinda. A rapidez dos sistemas eletrônicos se deve a muitos fatores, mas principalmente ao acesso randômico e instantâneo ao material. Nos antigos sistemas mecânicos, o ser humano (o editor ou o assistente) tem que localizar e recuperar cada plano. No computador o plano está a um clique de mouse de distância.

- **os custos são reduzidos**, pois a necessidade de um copião de trabalho é eliminada. Em alguns filmes de baixo orçamento isso pode ser uma opção atraente, já que é possível transferir os dados diretamente do negativo para o disco rígido pela metade do custo (aproximadamente) do que ao se fazer um copião em positivo. Uma vez editado o filme, basta copiar as tomadas que foram incluídas no corte, o que reduz o custo da cópia em 90%.

- **menos gente** trabalha na sala de edição, já que o computador cuida automaticamente de funções como arquivamento de sobras, elaboração de listas etc., o que anteriormente era feito por diversos assistentes e aprendizes. Como veremos adiante, isso pode não acontecer na prática. Mas teoricamente é tentador.

- **acesso mais fácil ao material**. A sala de edição tradicional lembra um pouco uma guilda medieval, com uma hierarquia definida, longos períodos de treinamento em habilidades obscuras – tais como codificações e reconstituições – que são reduzidas ou eliminadas no domínio digital. Simplificando, o objetivo da edição eletrônica é ser um instrumento tão fácil e acessível quanto um processador de texto.

- **o diretor pode rever** todo o material no seu estado original "sem cortes", mesmo que este material esteja simultaneamente incluído nas montagens de diferentes versões do filme. Lembre-se que o computador apenas cria uma montagem "virtual", e não uma "destrutiva". No sistema mecânico, depois que parte do plano foi colocado em determinada ordem, o diretor fica impossibilitado de vê-lo na sua forma original antes do corte.

- **o ambiente de trabalho é mais civilizado**, livre dos ruídos e da fisicalidade com a Moviola e com o próprio filme. A imagem eletrônica que vemos não arranha, não dobra, não queima e não é fisicamente emendada. É possível ver o que se está fazendo com maior calma e clareza pelo tempo que for necessário.

- **diferentes versões do filme são preservadas.** Não havendo sobras com que se preocupar, a edição eletrônica permite buscar qualquer versão já feita e arquivá-la para referência futura. Comparativamente, na edição mecânica não há uma maneira fácil de "voltar atrás" a não ser que se decida deliberadamente gastar o tempo e o dinheiro necessários para copiar a cena em questão para filme ou vídeo.

- **o uso sofisticado do som**: tanto o Avid como o Final Cut Pro e o Lightworks permitem que se trabalhe com várias pistas de som junto com a imagem mantendo-as numa relação correta com o filme, independentemente do número de mudanças. Na prática, os sistemas mecânicos estavam limitados a duas ou três pistas e cada uma delas tinha de ser, separadamente e com alguma mão-de-obra, ajustada às mudanças na imagem. Além disso, e significativamente, o Avid permite que se varie o volume de qualquer seção sonora – abaixando, aumentando e mudando a equalização – em uma simulação da mixagem final. Os sistemas mecânicos não permitem nada disso.

- **integração com efeitos especiais eletrônicos**: os sistemas eletrônicos permitem que se faça uso, em várias etapas do processo de edição, dos cada vez mais sofisticados efeitos especiais eletrônicos. Os tradicionais *fades*, fusões e *wipes* podem, é claro, ser vistos e avaliados instantaneamente, bem como qualquer reposicionamento e recorte do quadro, reversão da ação, aumento ou diminuição da velocidade da ação. Mas essa é apenas uma pontinha do *iceberg* digital.

Ao resumir ligeiramente a situação atual no começo de um novo século, estou necessariamente minimizando a luta que foi chegar até aqui. A edição eletrônica não brotou no mundo tão pronta e acabada como nos parece agora. Foram necessárias três décadas de desenvolvimento para trazer as coisas ao seu presente estado e tudo isso, por sua vez, foi construído em cima de 70 anos de experiência prévia com a edição mecânica. Além disso, cada uma das vantagens relacionadas acima tem o seu "lado negativo" – uma outra faceta com o potencial de ofuscar as coisas boas. Os problemas encontrados no caminho, e as soluções (algumas boas, outras não), ajudam a ressaltar as qualidades inerentes à produção eletrônica de filmes – e seu futuro potencial.

Digital: de volta para o futuro

Meu primeiro contato com a edição controlada por computador foi em 1968 e coincidiu – muito apropriadamente –

com a época em que fui apresentado a Francis Coppola, que tem sido, por mais de trinta anos, um inovador e um defensor do cinema eletrônico. Francis, recentemente formado na faculdade de cinema da UCLA, e George Lucas, meu colega na University of Southern California (USC), estavam investigando um dos primeiros sistemas CMX na mesma rua em que eu estava trabalhando em Hollywood (numa Moviola!).

Estava claro para nós, aos vinte e poucos anos, que aquela sala – com um equipamento caro, de certo modo pesadão – era uma amostra do futuro da edição de filmes. E alguns anos depois, com a inauguração em São Francisco da Zoetrope americana, nós três pusemos em prática a idéia de usar o sistema CMX para editar partes de *O poderoso chefão*. Nada realmente vingou daquela primeira experiência – o armazenamento em computador e o acesso a ele eram, na época, muito primitivos e dispendiosos para a quantidade de pés gerada por um longa-metragem.

O desenvolvimento de vários sistemas que competiam entre si – CMX, Montage, EditDroid, E-Pix, EMC, D-Vision, Avid, Lightworks e outros tantos – continuou durante as décadas de 1970 e 80. Investiu-se incrivelmente na pesquisa e no aprimoramento desses sistemas, principalmente considerando que, apesar de o *cinema* profissional ser uma mídia cara, não há muito *equipamento profissional de cinema* disponível no mundo (comparando-se por exemplo a equipamentos de medicina). Visto que o padrão de qualidade e a durabilidade dos equipamentos para cinema são extremamente altos, não há uma perspectiva de lucro significativo com o aprimoramento do que já existe.

Por outro lado, o ramo de equipamentos para a *televisão* tem um potencial gigantesco de lucros e inovações tanto em nível profissional quanto amador. A atual onda de interesse pelos equipamentos eletrônicos de pós-produção se deve, em parte, àqueles que vislumbram a união desses dois mundos (o do cinema e o da televisão), e, conseqüentemente, um aumento considerável do lucro. O Avid, por exemplo, já vem há algum tempo distribuindo para a Europa estações de tevê completamente digitais para jornalismo por cerca de US$1 milhão cada e movimenta anualmente nesse campo aproximadamente US$200 milhões.

Mas a evolução da edição eletrônica não se deve somente à indústria de equipamentos. Os próprios realizadores estão dando um forte empurrão: George Lucas, Oliver Stone, Jim Cameron, Steven Soderbergh, Caroll Ballard, Bernardo Bertolucci, Francis Coppola e muitos outros fizeram experiências de edição com diferentes sistemas eletrônicos. Nos anos 80, Lucas chegou a se tornar ele próprio um pioneiro com o seu inovador sistema EditDroid. E, apesar de não criar um equipamento comercializável, Francis Coppola vem defendendo e utilizando a edição eletrônica desde meados da década de 1970 até hoje. O interesse dos realizadores está mais voltado para o aumento da velocidade e, mais significativamente, para a multiplicação das opções de criação do que para a redução de custos.

A resistência à edição eletrônica veio majoritariamente de editores e diretores profissionais ao observarem que a fusão de cinema e televisão não era um *fait accompli* (mesmo que assim fosse, talvez resistissem por questões sentimentais...). Eles se sentiam confortáveis com todas as já conhecidas peculiaridades de seus sistemas mecânicos, com os quais haviam lutado e vencido muitas batalhas, e relutavam em abraçar um sistema completamente diferente cujos benefícios ainda não tinham sido comprovados.

Minha experiência com a edição eletrônica durante esses anos iniciais foi a de um adepto interessado e um usuário ocasional. Seis anos após nossa sugestão de usar o sistema CMX em *O poderoso chefão*, Francis instalou um sistema simples de edição linear em vídeo (sem computador e sem acesso randômico) no qual pudemos experimentar diferentes estruturas de roteiro para *Apocalipse Now*, e que usei também para visualizar uma série de sobreposições e fusões de quatro elementos presentes no primeiro rolo deste filme. Afora isso, *Apocalipse* (com todos os 1.200.000 pés copiados, quase sete toneladas de imagem e som!) foi editado mecanicamente em duas Moviolas (por Richie Marks e Jerry Greenberg) e duas KEM de "oito pratos" (por Lisa Fruchtman e eu).

Depois de *Apocalipse*, Francis e eu não tivemos mais oportunidade de trabalharmos juntos num longa-metragem até *O poderoso chefão* (parte III). Apesar de ter começado a usar um banco de dados computadorizado para armazenar informações em 1982, continuei a editar diretamente em filme (em Moviolas, KEM e Steenbecks) durante os anos 80.

Francis, no entanto, usou edição linear em vídeo em todos os seus filmes desse período, de *O fundo do coração* (1981) a *Tucker: um homem e seu sonho* (1988). Sua "Silverfish" – um trailer adaptado com equipamento de edição eletrônica e monitores – apareceu pela primeira vez em *O fundo do coração*.

Contudo, na época de *O poderoso chefão* (parte III) Francis já tinha mudado de um sistema relativamente primário de edição linear em vídeo para um verdadeiro sistema Montage de edição com acesso randômico controlado por computador (apesar de ainda funcionar com fitas). Lisa Fruchtman começou a trabalhar nele no outono de 1989 para fazer o primeiro corte do filme, e outro sistema foi adquirido quando Barry Malkin entrou no filme, na primavera de 1990. Mas ao me juntar à equipe alguns meses depois, em agosto, não nos pareceu vantajoso adquirir um terceiro equipamento; portanto trabalhei diretamente em película, usando uma KEM de "oito pratos". Alguns meses depois acabei usando o Montage, com a ajuda de Gus Carpenter, para editar a trilogia de *O poderoso chefão*, uma compilação dos três filmes com dez horas de duração.

No condado de Marin, do outro lado da Golden Gate vindo dos Zoetrope Studios, de Francis, George Lucas havia mobilizado recursos consideráveis da LucasFilm, tendo começado em 1981, para produzir pesquisas e desenvolver seu ambicioso sistema de edição eletrônica EditDroid baseado em discos laser, e estava em condições de colocá-lo em ação em meados da década. Carroll Ballard e seu editor, Michael Chandler, trabalharam com ele em *Wind – A força dos ventos* (1991), de Carroll Ballard, e o sistema foi usado, parcial ou totalmente, na edição de *Kafka* (1991) e *O inventor de ilusões* (1993), de Steven Soderbergh; em *The Doors* (1991), de Oliver Stone; em *O curandeiro da selva* (1992), de John McTiernan; e em *Disposto a tudo* (1993), de James Brooks. Além disso, toda a série de televisão *O jovem Indiana Jones* da LucasFilm foi editada em EditDroid. Mas, por obra do acaso, nenhum longa-metragem da LucasFilm fez uso do sistema. Em meados da década de 1990, tanto o EditDroid quanto o sistema similar do Montage foram ultrapassados por desenvolvimentos técnicos que rumavam para a definitiva primazia de um sistema completamente digital, como o Avid e o Lightworks.

A transição do analógico para o digital

Não era tecnicamente viável digitalizar para os discos rígidos relativamente primitivos dos anos 80 a enorme quantidade de filme gerada pelos longas-metragens. A solução adotada era armazenar o filme em uma mídia analógica convencional, como a fita de vídeo ou o disco laser, e usar o computador apenas para manipular a informação sobre *o que fazer* com essas imagens: usar o computador, de fato, para controlar o banco de dados das máquinas analógicas onde o filme ficava guardado. O EditDroid usava discos laser como suporte de armazenamento e o Montage usava fitas de vídeo, mas o princípio operacional era essencialmente o mesmo para ambos os sistemas, que podem ser chamados de "análogo-eletrônicos",

No final dos anos 1980, em função dos avanços na tecnologia de memória do computador, tornou-se possível digitalizar as imagens dos filmes diretamente no disco rígido do computador. Essa foi a inovação fundamental tanto para o Avid como para o Lightworks, que podem ser considerados "digital-eletrônicos".

Por terem tudo – a *mídia* e as *informações sobre ela* – "sob o mesmo teto", esses sistemas digitais eram naturalmente mais eficientes, produtivos e flexíveis que seus precursores analógicos. E os *próprios* editores podiam digitalizar o filme de forma rápida e eficiente passando os copiões para vídeo, em vez de terem que mandar o filme para um serviço profissional de copiagem para discos laser ou para várias fitas de VHS.

As máquinas digitais foram muito criticadas no início por terem uma imagem de qualidade inferior às dos discos laser do EditDroid, por exemplo, mas como o preço das memórias de disco rígido caiu vertiginosamente durante os anos 1990, a qualidade da imagem digitalizada melhorou proporcionalmente, a ponto de, tanto o EditDroid quanto o Montage, terem cada vez mais dificuldade de enfrentar a concorrência.

Entretanto, apesar de todo esse desenvolvimento nos sistemas de edição, em meados dos anos 90 vimo-nos estagnados numa demorada "fase de transição" eletromecânica – que durou muito mais do que eu poderia supor ao me deslumbrar com o sistema CMX em 1968. Afinal de contas, 2001 estava logo ali, os LPs de 33 rotações já eram, as máquinas de escrever tinham sido universalmente substituídas por processadores de texto, e lá estávamos nós ainda ouvindo o ruído da cruseta da Moviola, com o chão da sala apinhado de pedaços de filme arranhado e coladeiras, fitas adesivas, banheiras e lápis gordurosos por todo lado. Acredito que a tomada de consciência desse estranho atraso tecnológico foi uma das pressões psicológicas que mais impulsionaram a edição eletrônica. A permanência da Moviola na última década do século XX é tão surpreendente quanto ver, nos dias de hoje, alguém colocar uma velha máquina de escrever numa nave espacial.

O que estava acontecendo?

Objetivamente falando, os primeiros sistemas de edição não-linear estavam esgotados, principalmente levando-se em conta a imensa demanda dos filmes de longa-metragem para armazenamento e processamento nos computadores. Além disso, as dificuldades de se transferir o filme para esses sistemas, e depois retirá-lo com segurança, eram consideravelmente subestimadas.

- **a capacidade de memória** das primeiras máquinas não-lineares era limitada. Simplesmente não se podia armazenar o filme inteiro de uma só vez, isso tinha que ser feito em partes, o que desarticulava o processo prático e criativo. Ir de uma parte do filme para outra significava trocar o suporte (disco rígido, disco laser ou fitas) no qual o filme estava armazenado. O *poderoso chefão* (parte III), que foi editado em um Montage com um sistema não-linear à base de fitas, passou por esse problema ainda em 1990.

- **havia um obstáculo** para o andamento do trabalho. As primeiras máquinas eram tão caras que geralmente só se podia dispor de uma por filme. Conseqüentemente o editor e o assistente tinham que revezar os turnos de trabalho – o assistente, portanto, trabalhava à noite, com todos os problemas que se pode esperar desse tipo de organização. Mesmo que um filme dispusesse de mais de uma máquina, essas máquinas não permitiam o compartilhamento do mesmo material.

- **era complicado, inconveniente e caro** colocar a imagem "on-line" nos sistemas análogo-eletrônicos (EditDroid, Montage). Era preciso fazer discos laser especiais para a EditDroid e dezenas de cópias idênticas do material em fitas VHS para o Montage.

- **a qualidade da imagem** oscilava de pobre a razoável. A qualidade da imagem no EditDroid, e em outros sistemas que usavam discos laser como suporte, era muito boa, mas difícil de se conseguir. A qualidade da imagem do Montage era equivalente à das fitas VHS da época e não era adequada para certo tipo de material. A qualidade da imagem dos primeiros Avids era pobre se comparada à película (com uma resolução três mil vezes menor). Para armazenar a imagem ocupando um espaço de disco correspondente, o processo de digitalização tinha que ser grosseiro, o que resultava num efeito "pontilhado" que ofuscava os detalhes e impossibilitava a percepção de problemas ocultos, tais como uma imagem fora de foco (o que também acontecia com o Montage).

Essa falta de resolução da tela podia, por exemplo, encorajar o editor a fazer mais uso de closes que necessário. O fator determinante para a escolha de um plano específico é muitas vezes a percepção ou não da expressão nos olhos do ator. Quando não está clara, a tendência é o editor usar um plano mais aproximado, mesmo que o plano mais aberto seja nítido o bastante numa tela grande. É claro que isso afeta o processo criativo do filme.

- **a facilidade de fazer o corte propriamente dito** – sendo "amigável" no sentido ergonômico: alguns dos sistemas (o Avid, por exemplo) eram altamente dependentes do teclado, o que deixava muitos editores pouco à vontade. Era preciso estabelecer um retorno cinético imediato entre o material e a coordenação visual e motora do editor, tanto para selecionar o quadro desejado como para fazer o "corte". A edição é um tipo de dança congelada na qual deve estar envolvida a maior parte possível do corpo do editor. O EditDroid, baseado no modelo Steenbeck, tinha o controle mais "parecido" com o das montagens diretas em filmes.

- "**trabalha melhor quando menos se precisa**". Freqüentemente, quando acionado para executar uma série de cortes rápidos ou uma edição de som mais complicada, o sistema de fitas ou discos laser avisava que, de alguma forma, a capacidade de processamento da máquina estava sobrecarregada e que o trabalho não poderia ser exibido em tempo real. A solução para isso foi (e ainda é) simplesmente uma questão de se inserir mais memória e velocidade para fazer o trabalho.

- **confiabilidade da lista de decisões de edição (EDL)**: confiar na decisiva lista de decisões de edição, de onde saem as informações para que o filme seja conformado ao que está no computador, era problemático nos primeiros sistemas.

Na Europa, onde tanto filme quanto vídeo rodam a 25 quadros por segundo, isto não é um problema. Mas nos Estados Unidos, um filme cinematográfico roda a 24 quadros por segundo e um vídeo a 30 quadros, sendo portanto preciso elaborar uma compatibilidade matemática quando se quer juntar os dois. Quando se copia um negativo para vídeo, aparecem 6 "quadros fantasmas" (que são na verdade repetições de quadros já existentes) que são adicionados a cada segundo.

Como os primeiros sistemas eletrônicos à base de vídeo rodavam a 30 quadros por segundo, às vezes o editor decidia fazer o corte em algum dos quadros fantasmas que não tinha equivalente numérico no filme. Nesse caso, o computador tinha que decidir arbitrariamente qual quadro "real" selecionar: o anterior ou o posterior ao quadro fantasma. Se fosse feita apenas uma versão do filme, essa era uma questão simples de se resolver. Mas o processo de editar um filme envolve mudanças e mudanças e mais mudanças, então a decisão do computador de tirar o lado "esquerdo" em determinado corte pode se seguir de uma outra decisão de tirar o lado "direito" do mesmo corte na segunda versão – mesmo que o editor não tenha feito mudanças nessa área.

Em *O poderoso chefão* (parte III), que foi editado em um sistema Montage em 1990, tivemos que contratar um assistente para comparar manualmente a lista de decisões de edição com o que aparecia na tela, e cancelar cortes de um quadro que não tinham sido feitos.

A lista acima não está completa, mas nos dá uma boa amostra das questões sobre a edição eletrônica que mais inquietavam os editores no começo dos anos 90. Era o bastante para dissuadir muitos editores de mergulhar fundo e "adotar o eletrônico". As vantagens não pareciam superar os possíveis problemas, e havia histórias lendárias de produções que terminaram atolando em pântanos eletrônicos, sem conseguir se libertar a não ser voltando para o velho sistema mecânico.

Este é um bom momento para fazer uma pausa e resumir uma situação bastante caótica, com sistemas muito diferentes competindo entre si: Moviola *versus* KEM *versus* EditDroid *versus* Avid *versus* Montage *versus* Lightworks etc.

É importante perceber que cada sistema pode ser definido por três critérios independentes:

1. O operacional, que pode ser mecânico ou eletrônico.
2. O suporte de armazenamento, analógico ou digital.
3. O acesso as mídias, randômico ou linear.

A Moviola, por exemplo, é uma máquina de acesso randômico apesar de ter sido inventada em 1920. Ela pode ser perfeitamente chamada de um MAR: mecânico-analógico-randômico. O Avid seria um EDR (eletrônico-digital-randômico), a KEM seria um MAL (mecânico-analógico-linear), e assim por diante.

A tabela a seguir sintetiza todas as variáveis:

		Operação		**Suporte de armazenamento**		**Acesso ao material**	
Máquina	**Década**	Mecânica	Eletrônica	Analógico	Digital	Linear	Aleatório
Moviola	20	x		x			x
KEM e Steenbeck	30	x		x		x	
EditDroid e Montage	80		x	x			x
Avid e Lightworks	90		x		x		x

Em 1995 fui contratado para editar *O paciente inglês*, filme de Anthony Minghella adaptado do livro de Michael Ondatjee.

Nessa época, muitos dos problemas abordados acima já estavam solucionados – ou a solução estava a caminho – pelo inexorável avanço na velocidade de processamento dos computadores e pela redução dos custos de memória. Apesar de ainda não ter editado um longa-metragem inteiro eletronicamente, eu havia dirigido e editado um videoclipe de quatro minutos para Linda Ronstadt em 1994 e uma montagem de três minutos com cinco camadas para o filme *Adoro problemas*, em 1995, ambos no Avid. Eu estava impressionado com as mudanças ocorridas em cinco anos.

Houve três grandes avanços:

1. **a capacidade de memória e a velocidade de processamento** tinham aumentado a tal ponto que agora era econômica e tecnicamente viável armazenar o filme inteiro em um disco rígido de computador; a qualidade da imagem digitalizada tinha melhorado consideravelmente; e raras eram as vezes em que o fluxo de trabalho era interrompido.

2. **duas ou mais ilhas** podiam agora compartilhar o mesmo conjunto de discos rígidos onde o filme estava armazenado, o que diminuía os obstáculos.

3. **um software para 24 quadros** havia sido desenvolvido pela Avid para o programa Film Composer, assegurando

uma relação de 1:1 entre os quadros do computador e os quadros do filme. Esse achado tornou a *lista de decisões da edição* absolutamente confiável para a conformação de um filme de 35mm.

Apesar de ainda relutar com algumas questões e receios, eu estava ansioso para experimentar a edição digital, e *O paciente inglês*, com sua estrutura de tempos diferentes, parecia se adequar perfeitamente à flexibilidade oferecida pelo Avid.

Contudo, o produtor do filme, Saul Zaentz, estava tentando reduzir o orçamento (todos os diretores de área estavam trabalhando com o adiamento parcial de seus salários) e alugar um Avid representava um custo extra e antecipado de milhares de dólares por semana – embora possibilitasse uma economia de tempo mais adiante no cronograma. Além disso, *O paciente inglês* estava sendo filmado na Itália e na Tunísia, e Saul estava compreensivelmente preocupado com a infraestrutura logística.

Anthony Minghella havia editado os seus dois filmes anteriores de forma convencional, em filme, e mostrava preocupação com a mudança para digital. Não bastasse o território lhe ser pouco familiar, recentemente vários de seus amigos haviam tido experiências infelizes com a edição eletrônica: não só por problemas técnicos, mas também porque o sistema eletrônico em si parecia favorecer a interferência dos estúdios.

Então decidiu-se editar *O paciente inglês* diretamente em filme de 35mm, o que me parecia razoável. Pensando bem, talvez fazer um filme num país estrangeiro e aprender um novo sistema ao mesmo tempo impusesse variáveis demais. Haveria sempre o próximo filme…

Começamos a produção de *O paciente inglês* na Cinecittà, em Roma, em setembro de 1995 com um equipamento convencional: uma KEM de "oito pratos" para mim e uma Steenbeck para os meus assistentes, Daniel Farrell e Rosmary Conte, além da tradicional, enroladeiras e outras parafernálias. Como de hábito, dispúnhamos do meu banco de dados computadorizado para armazenar anotações e comentários sobre cada tomada, bem como o equipamento de reprodução fotográfica para tirar fotos representativas de cada plano.

Porém, na sexta semana de produção minha mulher Aggie (que estava se preparando para me visitar em Roma) ligou contando que nosso filho Walter sofrera uma convulsão no dia anterior e o diagnóstico era de um tumor no cérebro.

Comuniquei a Anthony e a Saul e discuti a situação de acordo com as informações recebidas – Walter estava bem e se recuperando, mas havia a possibilidade de uma cirurgia dali a duas semanas para a remoção do tumor. A gravidade da situação não poderia ser constatada até o momento da operação, quando se faria uma biópsia.

Disse a Anthony e Saul que pegaria um vôo para casa no dia seguinte, com a perspectiva de, na melhor das hipóteses, ficar ausente pelo menos oito semanas, e que deveriam pensar em contratar um editor para me substituir. Ambos se recusaram a considerar essa possibilidade, pediram que não me preocupasse com o filme e desse notícias. No dia seguinte de manhã cedo eu estava a caminho de Bolinas, uma pequena cidade ao norte de São Francisco.

Esse tipo de crise extrema, para a qual nunca estamos preparados, tem o poder de nos arremessar, por assim dizer, contra o pára-brisa do nosso dia-a-dia. Felizmente alguma intervenção mágica põe as coisas numa perspectiva surpreendentemente clara: o que importa salta aos olhos com magnífico realce; todo o resto recua para o pano de fundo. O horizonte se reduz ao que é possível se realizar hoje ou, no máximo, amanhã. O "se" é banido, e o nosso papel no desdobramento dos acontecimentos adquire um sentido sólido e determinado. Isso deve ser algum tipo de mecanismo de autodefesa com raízes muito antigas.

Assim o filme, que estava sendo o meu foco principal até 24 horas antes, agora parecia uma mera curiosidade do outro lado de um telescópio.

Apesar disso, estava consciente da minha responsabilidade profissional em relação às pessoas que haviam confiado em mim. Eu estaria longe por no mínimo dois meses e as filmagens não seriam interrompidas: um atraso de oito semanas num cronograma de 20 tem um peso tremendo.

No momento em que aterrissei em São Francisco, estava clara qual seria a minha proposta para Saul e Anthony: se quisessem realmente me manter como editor do filme, teríamos que instalar um Avid no galpão ao lado da minha casa em Bolinas, mandar os copiões para São Francisco depois de terem sido vistos pelo grupo de lá, e eu começaria a editar em casa, podendo estar perto e disponível durante a recuperação do meu filho. Isso implicava um custo adicional considerável para o filme, como também o fato de o editor estar a mais de quatro mil quilômetros de distância da produção, mas para mim parecia não haver outra alternativa. Para minha eterna gratidão, Saul e Anthony não hesitaram em aceitar a proposta.

A operação de Walter aconteceu antes do previsto e foi bem-sucedida. A biópsia do tumor era ambígua, e ele se recusou a fazer tratamento de químio e radioterapia. Ficou muitos meses em casa durante o primeiro corte do filme. A piada era que, como a minha mulher é inglesa, tínhamos um "paciente inglês" e meio em nossa casa em Bolinas.

Walter era professor de alpinismo antes disso tudo acontecer e seu objetivo passou a ser escalar, numa excursão de sobreviventes de câncer, o Monte Denali, no Alasca, o pico mais alto da América do Norte. Em junho do ano seguinte ele fez parte de um grupo de 15 pessoas que chegaram ao cume com sucesso. Walter trabalhou comigo nos meus últimos três projetos de edição – passados quase cinco anos da operação, e, graças a Deus, o seu prognóstico é bom.

O homem encontra a máquina

O Avid – que fisicamente era apenas um poderoso computador pessoal com alguns monitores de vídeo – foi instalado sem demora no andar de cima do galpão, e o filme começou a chegar da Itália. Um dos problemas era manter a comunicação com os meus assistentes em Roma, Dan e Rosmary, e também com Anthony e Saul, que nessa época estavam filmando em um lugar remoto da Tunísia. Por sorte, Rosmary tinha um e-mail, que rapidamente virou a auto-estrada por onde passavam tanto a correspondência como as informações da base de dados.

Havia também o difícil quebra-cabeça de como integrar a hora de material que eu já havia editado em filme ao novo sistema, enquanto continuávamos progredindo em outras frentes. Não conheço outro caso de transição do mecânico para o eletrônico durante a produção, mas as circunstâncias particulares desse caso exigiam isso. Os méritos por fazê-lo da forma mais tranqüila possível são dos meus assistentes: Edie Bleiman e Sean Cullen, em São Francisco, e Daniel Farrell e Rosmary Conte, em Roma.

Transpostas para fitas de vídeo, as 60 horas do copião de trabalho do *Paciente inglês* enchiam duas prateleiras de uma estante de livros mediana e, assim que Edie começou a digitalizá-las para o disco rígido, eu me vi editando novamente – exatamente dois meses depois do problema de Walter.

Lá estava eu, em casa, com tudo o que tinha pedido. O dilema agora era: será que tudo aconteceria da maneira que eu havia esperançosamente previsto? O que aconteceria com o meu estilo particular de edição, todo desenvolvido em Moviolas e KEMs, agora que tinha que mergulhar naquela montanha de material arquivada no Avid?

A primeira coisa que me agradou foi a facilidade com que o Avid se adaptou ao meu método de trabalhar em pé. Com a KEM eu precisava de pelo menos mais duas pessoas para levantar uma máquina extremamente pesada e colocá-la em cima de caixas reforçadas de compensado. Com o Avid, bastava colocar os monitores na prateleira mais alta de uma estante de metal, na minha linha de visão, e depois posicionar uma simples prancheta de arquiteto na frente da estante. Essa configuração me dava não só espaço para o teclado e o mouse, mas também para espalhar até oito páginas de anotações à minha frente e bem embaixo da imagem – algo que nunca consegui com os sistemas mecânicos. (Por sorte, as oito páginas de anotação revelaram ser o número exato, mesmo para uma cena razoavelmente complicada.)

No entanto eu estava um pouco decepcionado com a baixa qualidade da imagem, comparando-se ao filme. Para economizar tempo e memória, decidi digitalizar *O paciente inglês* em resolução 4, o que gera uma imagem relativamente tosca. Depois dos primeiros dias trabalhando nessa resolução comecei a me perguntar se não havia errado e se não deveria redigitalizar o material numa resolução mais alta. Por sorte, enquanto olhava umas anotações no terceiro dia, vi de relance um olhar de Juliette Binoche num quadro parado no monitor. Estava tão bonito, como uma pintura impressionista, que fiquei mais tranqüilo quanto à minha decisão. "Isso não é o filme", disse pra mim mesmo. "Estou trabalhando sobre uma pintura impressionista do filme." Só o tempo diria se aquilo era um tiro no escuro, mas o fato é que me encorajou a prosseguir como planejado.

O que me salvou foi que os fotogramas selecionados de qualquer cena em que estivesse trabalhando ficavam bem ali, na estante do Avid. Essas imagens, fotografadas diretamente da cópia em filme, me serviam como lembrete constante do valor real das imagens.

Em relação à operacionalidade do Avid, fiquei feliz ao descobrir que o meu velho sistema de cortar "em tempo real" (isto é, selecionando o último quadro de um plano enquanto o filme está rodando a 24 quadros por segundo) era mais fácil de ser posto em prática no Avid do que na KEM ou na Moviola.

Depois da primeira tentativa de selecionar o quadro de "saída", o Avid me dizia, nas tentativas seguintes, quantos quadros eu estava atrasado, ou adiantado, e também (obrigado!) se tinha atingido exatamente o mesmo quadro. Isso era muito importante porque quantificava imediatamente a sensação do que havia acontecido naquela segunda tentativa. Por exemplo, poderia ter a impressão de ter cortado um pouco cedo demais, e uma olhada na tela me dizia que tinha me adiantado, digamos, três quadros. Nessas circunstâncias, com esse material em particular, eu saberia qual a sensação de estar "três quadros adiantado". Isso facilitava, e as tentativas subseqüentes eram impressionantemente mais intuitivas e precisas.

Os sistemas mecânicos também dão esse retorno, mas de uma forma um pouco mais complicada (foi usando os sistemas mecânicos que desenvolvi essa abordagem); então fiquei bastante aliviado ao descobrir que o Avid possibilitava o uso dessa estratégia – e de maneira mais rápida e automática do que nos sistemas mecânicos. Nunca é demais enfatizar o significado desse retorno imediato: é de importância crucial para o desenvolvimento de uma assinatura rítmica (e sua sensação) em cada filme individualmente.

Também descobri que outra das minhas peculiaridades no trabalho de edição – fazer o primeiro corte de uma cena sem som – era bem mais facilitada no Avid. Com a Moviola ou a KEM eu podia, é claro, fazer uma montagem sem som com a maior facilidade (e de fato, uma das razões para se deixar o som de lado era ter um primeiro corte o mais rápido possível), mas ouvi-lo depois significava gastar duas longas horas achando as pistas certas de som e sincronizando-as corretamente com a imagem através do número de código. No Avid, o som do filme está sempre sincronizado com a imagem, então a opção de ouvi-lo ou não depende apenas de ligar ou desligar um botão.

No início eu desconfiava do uso do teclado no lugar das ferramentas de controle mais intuitivas dos dispositivos mecânicos. O design da Moviola é quase automotivo: tem pedais para adiantar e retroceder o filme e tem um freio de mão que dá um bom tranco quando pára o filme. Permite também que se segure com a mão esquerda um prato de rodar a fim de parar melhor e que se use o freio para adiantar ou voltar o filme, quadro-a-quadro. É uma experiência extremamente tátil que envolve o corpo todo.

Em outras palavras, exatamente o que o teclado do Avid não é.

Portanto fiquei impressionado ao descobrir que, para mim, aquilo não constitui um obstáculo – achei até confortável usar a mão esquerda para apertar o comando de "corte". A rapidez com que me adaptei ao teclado ainda é um pouco misteriosa para mim. A explicação pode estar simplesmente no fato de me sentir confortável com o teclado em outras situações. Pode ser também que o hábito de editar em pé me assegure pelo menos parte da experiência corporal da Moviola.

Também comecei a apreciar rapidamente duas características do Avid:

1. Sua alta capacidade de manipular as pistas de som em sincronia com a imagem, possibilitando que mesmo nos primeiros estágios de edição eu realizasse experiências adicionando música ou várias pistas de diálogo. Também

podia ajustar e estabelecer os relativos níveis e equalizações do som, algo impossível nos sistemas mecânicos.

2. A possibilidade de se incluir um terceiro grande monitor, separado das duas telas de "trabalho" do Avid. Eu o colocava do outro lado da sala, de forma a ter que girar 90º para vê-lo. Mudar a minha relação física com a imagem me ajudava a ver as coisas de maneira diferente.

Isso não quer dizer que era tudo um mar de rosas – é claro que havia problemas. Alguns deles triviais, outros mais sérios e "interessantes" (dos quais falarei daqui a pouco). Ainda assim as vantagens do Avid prevaleciam sobre suas desvantagens a ponto de me sentir confortável, confiante e entusiasmado por estar trabalhando naquele novo cenário. Mesmo num estágio tão prematuro, o Avid praticamente duplicava a quantidade de filme que eu conseguia editar em uma semana. Com a ajuda de Pat Jackson, que trabalhou como co-editor por um mês, conseguimos em oito semanas tirar o atraso do material não-editado e fechar o primeiro corte do *Paciente inglês* com quatro horas e meia de duração, três semanas depois de terminadas as filmagens. Isso não teria sido possível mecanicamente, e com certeza não era algo que poderia ser feito facilmente na casa de alguém. Por isso tudo, se é que você sabe o quão longo pode ser o dia de um editor, sou grato à edição digital.

(Em tempo: depois de toda a turbulência e incerteza que atravessamos durante esse período, *O paciente inglês* acabou ganhando nove Oscars, um deles pela edição. De fato, foi o primeiro filme editado digitalmente a ganhar um Oscar.)

Todas essas vantagens da edição digital podem dar uma sensação de liberdade quase intoxicante, particularmente para os editores que vêm arquivando sobras e rebobinando rolos por muitos anos. Mas essa súbita avalanche de liberdade pode ser frustrante. Como qualquer ferramenta, as características da edição digital representam uma faca de dois gumes, e algumas das suas mais admiráveis qualidades escondem lados obscuros que podem surpreender os desprevenidos.

Vou tentar explicar isso com alguns exemplos.

Acesso randômico e velocidade

Ironicamente, uma das coisas que ainda não solucionei com a edição digital é a forma mais eficaz de lidar com a sua maior vantagem – o acesso randômico instantâneo.

Os sistemas de edição computadorizada alcançam grande parcela de sua velocidade recuperando instantaneamente o material requerido, que é o que eu quero dizer com "acesso randômico instantâneo". Isso permite ao editor, por exemplo, comparar falas de tomadas diferentes sem nenhum esforço. Mas o acesso randômico depende, sobretudo, de se saber exatamente o que se quer... e, como qualquer editor pode confirmar, isto nem sempre é possível.

A Moviola era uma máquina de acesso randômico, apenas não era um acesso randômico *instantâneo* (ao contrário da KEM e da Steenbeks que são máquinas de acesso *linear*). Os sistemas de acesso randômico são altamente dependentes da qualidade das anotações feitas no primeiro contato com o material – porque essas anotações são a chave para abrir e pesquisar a vasta biblioteca formada pelo acervo de cada filme. Elas refletem necessariamente não só as primeiras opiniões sobre o material, mas também uma visão de como o filme *estava sendo concebido naquele momento.*

No entanto, à medida que o filme evolui, ele exige mudanças e essas primeiras anotações podem ficar ultrapassadas: uma tomada que foi considerada *inútil* pode assim se tornar *útil*. A não ser que haja uma forma de estar sempre revendo o material, questionando essas primeiras impressões, parte do material útil pode ficar perdido para sempre sob o epitáfio de "ruim". Quanto mais material, mais verdadeira será essa afirmação. Já mencionei esse aspecto, mas vale a pena retomá-lo no presente contexto. Essa revisão constante do material era uma parte crucial do meu processo mecânico e criativo nas máquinas lineares (Steenbecks e KEM) que armazenavam o material em rolos de dez minutos.

A mente humana tem mais aptidão para reconhecer idéias do que para articulá-las. Quando você está num país estrangeiro é sempre mais fácil entender a língua do que falar. De certa forma todo filme é um "país estrangeiro" e a primeira coisa que se deve fazer é aprender a língua daquele "país". Cada filme tem (ou deveria ter) um jeito único de comunicar, cabendo a nós o esforço para aprender sua língua. Mas o filme fala a língua própria dele melhor que você! Portanto, na procura mecânica do que eu *queria*, acabava encontrando o que *precisava* – algo diferente, melhor, mais arguto, mais espontâneo e mais verdadeiro do que a minha primeira concepção. Conseguia reconhecer quando achava, mas não poderia nunca ter articulado aquilo antecipadamente. Picasso costumava dizer: "eu não procuro, eu acho" – que é outra forma de expor a mesma idéia.

Ainda assim, a característica mais pronunciada de qualquer sistema não-linear é precisamente a sua não-linearidade. "Chegue rapidamente aonde quer ir. Basta pedir que a máquina traz para você instantaneamente, como o melhor dos assistentes." Não deixa de ser verdade, mas isso acaba sendo um inconveniente porque a máquina me dá *apenas* o que peço, e nem sempre *quero* ir aonde *digo* que quero ir. Querer algo é apenas o ponto de partida; fico então à espera de que o próprio material me diga o que fazer em seguida.

Se bem que, tecnicamente, nada impede que se use o Avid como uma máquina linear – é possível organizar o material em grandes blocos e visualizar esse material em alta velocidade exatamente como em uma KEM. Mas é tão fácil usar o acesso randômico que, à revelia, ele controla as decisões que você toma. Como controlar o impulso da satisfação imediata? Quero o que quero, e a máquina – como o gênio da lâmpada – me dá. Mas alguma coisa se perde. A observação irônica de Oscar Wilde se aplica aqui: "Quando Deus quer punir alguém, Ele dá o que a pessoa quer."

Devo acrescentar que há uma diferença sutil mas profunda na forma como o filme (película) e o vídeo (digital) são vistos em alta velocidade. Nas máquinas lineares que lidam com a película, como a KEM, aumenta-se em dez vezes a velocidade normal *reduzindo-se* em 90% *o tempo* em que cada quadro é visto. Então um quadro é visto em 1/240 de segundo, e não em 1/24 de segundo. É muito rápido, mas ainda assim se pode captar alguma coisa de cada quadro. Pela forma como são concebidos, os sistemas digitais não possibilitam isso. Eles alcançam dez vezes a velocidade normal, mas *suprimem* 90% da informação. Então, quando se pede que uma máquina digital ande dez vezes mais rápido que o normal, ela exibirá apenas um quadro de cada dez. É como quicar uma pedra na superfície de um lago. Você *não vê* 90% do filme – ao passo que ao rodar a película em alta velocidade, em uma KEM ou Steenbeck, você vê *tudo*. Sempre me surpreendo com a capacidade de percepção do olho humano, mesmo nessas altas velocidades, para detectar alterações sutis num olhar, expressão e ação.

Talvez seja esse o motivo da minha resistência a usar o Avid como sistema linear. Tecnicamente acho que esse é um problema grave, de alguma forma ligado à natureza dos monitores de vídeo: leva-se um tempo exato e imutável para passar um quadro para o vídeo, e as coisas não podem ser mais rápidas do que são. Enquanto com uma KEM é fácil aumentar a velocidade simplesmente aumentando a rotação do prisma das lentes.

No entanto, a verdadeira questão em relação à velocidade não é apenas *aumentá-la* e sim saber *para onde se está indo tão rápido*. Não adianta chegar rápido se você acaba caindo no lugar errado. E se chegar ao destino significa ter uma visão mais ampla do material, então os sistemas lineares realmente têm uma grande vantagem a oferecer.

Em última análise, no entanto, a tecnologia raramente é o fator determinante no duelo entre velocidade e criatividade. Aqui estamos pisando o terreno da natureza humana: o que você quer dizer e como quer dizê-lo? Há 180 anos Balzac escreveu 80 romances clássicos em 20 anos usando apenas uma pena de escrever. Qual dos nossos escritores computadorizados de hoje pode sequer se aproximar desse recorde? Em 1930 Jean Renoir fez em três semanas – da concepção ao produto acabado – *On purge bébé,* um filme bem-sucedido comercialmente. E Kurosawa, no começo de sua carreira, já tinha pronto o primeiro corte de seus filmes dois dias depois de acabadas as filmagens, ele mesmo dirigindo e editando.

Em vez de "rapidez", os sistemas digitais deveriam alardear o seu maior "leque de opções". Eles permitem uma maior duração da "flexibilidade" do filme, o que significa que o momento da decisão definitiva pode ser adiado. Isso pode trazer vantagens para o processo criativo, mas também pode trazer problemas. Na década de 1930, quando uma câmera Technicolor pesava meia tonelada, você tinha que planejar cuidadosamente as filmagens. Com as câmeras leves, as filmagens mais rápidas e o DAT ou gravadores portáteis você pode mudar de opinião no último instante. Mas será que tudo funciona mais rápido? Não necessariamente. Freqüentemente, com o maior nível de complexidade, perde-se o tempo economizado. Isso é melhor? Discutível. O ano de 1939 ainda é considerado por muitos o ponto culminante da indústria cinematográfica americana.

Utilizar a tecnologia certa da maneira certa para um determinado projeto significa achar o equilíbrio correto entre planejamento prévio e espontaneidade – estrutura de sustentação *versus* aparência sedutora. O corpo humano é feito de carne e osso e precisa de ambos, na proporção certa, para funcionar como deve.

- **menos assistentes** – Isso pode de fato vir a acontecer um dia, quando a película de 35mm não for mais usada para a fotografia e exibição. Mas hoje em dia, os filmes editados digitalmente demandam na prática *mais* assistentes, porque é preciso gente para adaptar o copião de 35mm e também para ajudar no trabalho de telecine, de digitação (*logging*) e base de dados necessários ao longo do híbrido processo de trabalho no mundo 35mm/digital. Esse modelo de equipe tende a se estratificar com o filme/vídeo e produzir uma sutil alienação – que definitivamente não é boa nem para o filme, nem para as pessoas envolvidas e nem para a indústria como um todo.

O período mais criativo da pintura européia aconteceu, comprovadamente, numa época em que os pintores solicitavam assistentes para preparar os seus pigmentos e telas. Todos os grandes pintores do Renascimento começaram como assistentes de artistas consagrados – não havia escolas de pintura –, evoluindo aos poucos; a certa altura começavam a ajudar com a pintura propriamente dita até que estavam prontos para trabalharem sozinhos, com seus próprios assistentes.

Isso propiciava não apenas um treinamento "in loco", livre da nebulosidade que pode pairar sobre as teorias em situações acadêmicas, mas estou certo de que a presença de outras pessoas durante o ato da criação dava à pintura uma base diferente da que tem hoje, quando o trabalho é feito quase que exclusivamente em isolamento. Incontáveis foram as vezes em que a reação dos meus assistentes clareou a minha visão sobre o que funcionou e o que deu errado. Eles são os meus primeiros espectadores. E muitas vezes trouxeram para o filme idéias que extrapolavam o que eu próprio concebera.

O objetivo final da edição computadorizada no entanto é atingir a relação "um homem/uma máquina" – um editor que trabalhe como faz um pintor, sozinho em uma sala, com todo o material ao alcance das mãos, sem precisar da ajuda de ninguém. Se tecnicamente esse nível de isolamento for alcançado, será interessante ver os filmes que resultam disso e descobrir se a colaboração, que é a essência do processo de produção de filmes, não estará de certo modo comprometida por esse avanço tecnológico.

- **catalogação reduzida** – Esta é uma área onde brilham os computadores. É inquestionável que os sistemas eletrônicos levam uma vantagem significativa ao eliminar o arquivamento de sobras – algo que normalmente, em um longa-metragem, é a ocupação integral de pelo menos um assistente. Para a maior parte dos filmes de baixo orçamento que querem correr o risco de eliminar totalmente a conformação do copião, isso significa uma economia efetiva.

Por outro lado, para os filmes de alto orçamento obrigados a fazer várias projeções de diferentes versões em 35mm, a necessidade de conformar o filme e mantê-lo atualizado com a versão que está no computador envolve todo o tradicional trabalho de catalogação e arquivamento de sobras acrescido da tarefa de gerenciar a base de dados no computador.

Outra vantagem atribuída aos sistemas digitais é a capacidade de sua base de dados arquivar diferentes versões do filme para consultas posteriores, sem gerar nenhum trabalho extra. Isso, porém, é uma vantagem um pouco duvidosa pela possibilidade de o feitiço virar contra o feiticeiro e as informações proliferadas acabarem se sobrepondo aos objetivos que querem atingir.

Editar é (ou deveria ser) um trabalho progressivo – em que se está avançando o tempo todo. Mesmo quando você volta a uma estrutura prévia, ela não ficará (ou não deveria ficar) exatamente igual, mas vai refletir de forma sutil o que aconteceu com o filme todo desde o momento em que a cena foi editada. Quando o editor guarda obsessivamente todas as versões de uma cena, ele pode facilmente se afogar nessas variações, sentindo-se obrigado a olhar para cada uma delas e incorporar um pouco de cada uma em versões subseqüentes. A conseqüência é que se perde tempo e foco artístico com discussões improdutivas, e o trabalho resultante pode dar impressão de ser uma colagem *à la* Frankenstein e não um conjunto vivo e orgânico.

O segredo aqui é moderação. Restringir-se a arquivar versões significativamente diferentes a cada duas ou três semanas. (Atenção, esse arquivamento é diferente de fazer um back-up rotineiro do trabalho, tarefa esta pouco notada que deve ser feita diariamente para o caso de uma pane nos computadores.)

- **não se rebobina** – Com os sistemas de acesso randômico não se perde tempo voltando ao começo de uma seqüência depois que se chegou ao fim. Essa é outra vantagem que tem um lado "sombrio" já que (como vimos anteriormente) os sistemas digitais subtraem informação quando trabalham em velocidades acima do normal. Particularmente ao retroceder, os sistemas digitais fazem essa subtração de uma forma completamente aleatória, que não reflete com precisão o ritmo da edição. No Avid, a única forma segura de se ver o filme é na velocidade normal e avançando. Se essa é a forma em que o filme será visto pelo público, por que seria preciso ver de outra forma? Pelo mesmo motivo que leva os pintores a olharem seu trabalho num espelho, de cabeça para baixo: invertida, a imagem fica temporariamente livre do conteúdo e pode ser vista simplesmente como uma estrutura. Guiado por impulsos similares, o arquiteto catalão Antonio Gaudí construía modelos invertidos de suas estruturas, e penduravaos por fios para ver imediatamente o efeito de algum desequilíbrio.

No processo de montar uma seqüência na KEM, tenho o costume natural e freqüente de rebobinar o filme em alta velocidade enquanto ainda está encaixado ao prisma. A simples alternância de formas e cores, vista pelo canto do meu olho na imagem invertida e veloz, me diz coisas que não conseguiria perceber olhando a imagem avançar em velocidade normal. Mas até perceber que o verdadeiro ato de "retroceder" tinha desaparecido na edição digital eu não apreciava as virtudes únicas de "rever enquanto se rebobina". Só se aprecia esse tipo de coisa quando ele desaparece.

- **fácil acesso –** À primeira vista, isso parece ser uma coisa boa, a facilidade de acesso é parte das vantagens da inovação tecnológica dos últimos 40 anos. Os consumidores de equipamentos eletrônicos podem agora adquirir ferramentas que até dez anos atrás eram segredos guardados zelosamente por profissionais. Isso é particularmente verdadeiro em se tratando de som: um aparelho comum de som estéreo para carros dos anos 1990 produz um som de melhor qualidade do que os melhores estúdios de gravação dos anos 50. Hoje, consumidores de equipamentos de informática conseguem comprar a um preço relativamente barato um programa de edição para seus vídeos digitais caseiros que faria inveja a muitos profissionais há dez anos.

No entanto, a dura realidade é que o fato de serem mais acessíveis não os torna necessariamente melhores. A impressão de que "qualquer um pode fazer" pode facilmente "entornar o caldo", dada a quantidade de cozinheiros. Hoje em dia qualquer um de nós pode entrar numa loja e comprar por um preço barato um material de pintura pelo qual os pintores renascentistas teriam pago fortunas. Ainda assim, qual de nós está à altura deles?

Numa perspectiva mais política, depois que o copião de um filme é digitalizado, em apenas algumas horas de trabalho é possível criar um clone idêntico e estabelecer um outro posto de edição sob controle de alguém que não é o diretor. Na época da edição mecânica isso seria muito caro e demorado (e facilmente descoberto) para sequer ser considerado. Alguns estúdios já estão se encarregando dos chamados "cortes-fantasmas", e ninguém sabe ainda quais serão as conseqüências práticas e criativas disso a longo prazo.

O lado positivo da mesma moeda é que, depois que um filme for finalizado, as imagens e sons digitalizados e não-cortados poderão ser disponibilizadas para as escolas de cinema. Isso permitiria aos estudantes praticarem sua disciplina com um material "real", profissionalmente dirigido, filmado e gravado. Os estudantes poderiam observar detalhadamente os problemas superados pelos realizadores do filme e, talvez, encontrar eles mesmos algumas soluções originais. Poderiam então comparar o seu trabalho com o produto finalizado profissionalmente.

- **um ambiente de trabalho mais civilizado** – Há muitos anos vi um anúncio de uma empresa de decoração mostrando um apartamento de vários andares na Park Avenue com um belo piano Steinway Grand em primeiro plano. O texto logo abaixo dizia: "Pense na música que Beethoven poderia ter escrito se morasse aqui!"

  A fisicalidade da Moviola teria certamente repelido os criadores desse anúncio, que, em contrapartida, aplaudiriam o visual de um equipamento de edição computadorizada. Mas será que a fisicalidade é mesmo ruim? Que tipo de música Beethonven *teria* escrito naquele apartamento? E o que teriam os decoradores achado do ateliê de escultura de Rodin? Para tornar criativo um ambiente de trabalho, deve-se, como em muitas outras coisas, buscar um equilíbrio: confortável, mas não muito; organizado, mas nem tanto.

  Uma sala de edição pode ser um lugar de uma considerável tensão criativa e política, e uma das vantagens "ocultas" dos sistemas mecânicos é justamente que a fisicalidade com a máquina exigia que você se movimentasse bastante em torno dela – em comparação com o trabalho no computador com um monitor de vídeo à sua frente. A movimentação talvez fosse uma forma natural e inconsciente de liberar a tensão.

Apesar de os sistemas horizontais ainda serem mais físicos do que o computador, demandam menos movimentação do que a Moviola. Quando comecei a usar uma Steenbeck, desenvolvi o que chamo de "pescoço Steenbeck" – uma tensão acima dos ombros causada pela postura exigida para mexer apenas meus dedos e pulsos para editar. Para combater esse mal, ergui a minha KEM, e agora o meu Avid, 38cm acima do normal, de forma que trabalho em pé, como fazia com a Moviola.

Posso me sentar à hora que quiser (tenho uma cadeira de arquiteto), mas na maior parte do tempo, e especialmente no momento decisivo de fazer um corte, sempre fico em pé. Quero estar apto a reagir o mais rápido possível – como um atirador – e envolver o corpo todo no processo ajuda imensamente.

Edição digital – mais rápido, mais rápido... mais rápido?

Uma das perguntas mais comuns acerca da edição digital é: os filmes estariam ficando mais rápidos? Será que os filmes têm maior número de cortes rápidos simplesmente porque a edição é *digital* e eles *podem* ter cortes mais rápidos? Bom, isso é verdade até certo ponto – é mais fácil fazer cortes rápidos nas máquinas digitais porque se tem acesso randômico e não é necessário fazer os cortes fisicamente e arquivar as sobras.

Mas como tendência geral dos últimos 50 anos o andamento da edição dos filmes tem sido acelerado. Isso se deve provavelmente à influência dos comerciais de televisão, que nos acostumaram a atalhos visuais desenvolvidos para enfiar o máximo de informação em caríssimos espaços de tempo a fim de atrair e reter a atenção e o olho de pessoas que estão em casa, um ambiente em que há muita disputa por essa atenção.

Crepúsculos dos deuses (1950), por exemplo, tem 85 cortes nos primeiros 20 minutos, o que era muito comum na época, aproximadamente a metade da média atual. Os primeiros 20 minutos de *O sexto sentido* (1999) têm exatamente o dobro desse número de cortes: 170. E os 20 minutos finais de *Clube da luta* (1999) têm mais que o dobro de novo: 375.

No entanto, há exceções para essa tendência histórica. *O terceiro homem*, de 1949, tem uma bela seqüência de 225 cortes nos seus primeiros 20 minutos. Esse andamento é adequado para o filme que foi escrito e dirigido para propiciar e explorar um sentimento de valentia (compare a relação de palavras por minuto da narração de *Crepúsculo* com a rápida narração do *Terceiro homem*), assim como algumas música são escritas e orquestradas para serem tocadas rapidamente. É claro que não há uma velocidade "certa" e uma "errada". Os problemas surgem quando algo foi escrito *largo* e é tocado *prestissimo*, ou vice-versa.

O que está implícito na pergunta sobre a edição rápida é a sensação de que os filmes estão sendo "cortados" *rápido demais*, e talvez alguma culpa pudesse ser atribuída à edição digital.

Tenho ouvido diretores declararem que ficaram decepcionados ao verem na tela grande seus filmes editados digitalmente. Sentiram que a edição estava "picotada", apesar de lhes parecer boa no monitor da televisão. Esses diretores tiveram que fazer meia-volta, desfazer tudo e começar de novo. Sentiram-se traídos e, de certa forma, culparam o "digital".

Durante o processo de edição, o editor tem controle direto sobre dois fatores de percepção: a quantidade de detalhes visíveis na imagem e o tamanho da imagem propriamente. Tanto um quanto o outro podem afetar o ritmo do filme.

- **o detalhe** é um aspecto importantíssimo para a edição digital porque o filme tem de ser digitalmente comprimido para tornar economicamente viável sua inserção no disco rígido do computador e isso pode reduzir significativamente a quantidade de informação visível dentro de um quadro. Resulta daí que os detalhes podem ser tão mínimos que os nossos olhos absorvem tudo muito rapidamente, o que leva o editor desatento a cortar mais cedo do que se estivesse olhando para a imagem detalhada da película.

  Quando o filme de 35mm é conformado e projetado, no entanto, a riqueza oculta floresce e os olhos sentem que as imagens estão se seguindo uma à outra rápido demais para que se absorva inteiramente o que está lá – daí o "picote" de que se queixaram os diretores.

  O que pode ser feito para evitar esse problema?

  Primeiro, estar ciente de que o *detalhamento da imagem* e o *andamento* estão intimamente ligados.

Depois, digitalizar o material na mais alta resolução que o orçamento permitir, obtendo assim o maior detalhamento possível na tela.

Em terceiro lugar, caso a produção permita, copiar e projetar copiões de trabalho em 35mm. Depois de ver os detalhes de um plano é mais difícil esquecê-lo.

E quarto, assim que possível, conformar o copião de 35mm para a versão do computador, mantendo-o regularmente atualizado e fazendo projeções do filme sempre que possível.

Sei que para muitos filmes de baixo orçamento não é possível obedecer a todos os quatro critérios, mas quanto mais se conseguir, melhor será o resultado.

É consolador saber que o detalhamento da imagem digitalizada melhorou tremendamente nos últimos dez anos. Espero que à medida que forem aumentando a eficiência e a velocidade do computador (hoje com U$1 compra-se 400 vezes mais memória do que há dez anos), esse problema desapareça em pouco tempo.

- **o tamanho da imagem** é uma questão intimamente ligada aos detalhes, mas não é exclusiva da edição digital. Como lidar com a disparidade da imagem pequena da sala de edição (em uma Moviola, KEM ou Avid) e a imagem gigantesca a ser mostrada na tela dos cinemas? É a diferença entre pintar uma miniatura e um mural. Na tela pequena, os olhos captam facilmente tudo de uma vez, enquanto que na tela grande só se consegue ver uma parte de cada vez. A tendência é olhar *para* uma telinha e entrar *em* uma tela grande. Quando se está olhando *para* uma imagem, vendo tudo de uma vez, a tendência será cortar para o próximo plano mais rapidamente.

Num filme para o cinema, em especial aquele que envolve totalmente os espectadores, a tela não é uma superfície; é uma janela mágica, um tipo de espelho através do qual o corpo todo passa e toma parte *na* ação *com* os personagens. Quando realmente gostamos de um filme, não temos consciência de estarmos sentados em cadeiras de cinema. As reações são bem diferentes das que teríamos em frente à televisão.

A televisão é uma mídia "para se olhar", enquanto o cinema é uma mídia "para se entrar". Podemos pensar na tela da televisão como uma superfície em que o olho bate e volta. A proeza da edição digital está em fazer com que, a partir do momento em que está olhando para monitores de televisão, você seja obrigado a se convencer de que são telas de cinema. Deve-se fazer do "olhar" uma forma de "entrar".

Uma das funções de videoclipes musicais e comerciais é atrair a atenção e retê-la. Ao ver televisão normalmente estamos olhando para uma tela pequena a alguma distância por um curto período de tempo. A competição visual está por toda parte: as luzes estão acesas, o telefone pode estar tocando e podemos estar num supermercado ou numa loja de departamentos. A televisão tem que fazer os elementos colidirem naquela moldura minúscula para conseguir chamar nossa atenção, com os ângulos da imagem bem mais limitados em comparação com o cinema – daí os cortes rápidos, os pulos etc.

Numa sala de exibição a estética é totalmente diferente: a tela é gigantesca, está tudo escuro, com sorte não há outras distrações, e o espectador fica lá por pelo menos duas horas, não podendo interromper o filme de acordo com sua conveniência. Portanto, compreensivelmente, o ritmo da edição de longas-metragens deve ser diferente do da edição de clipes e comerciais.

O que pode ser feito para ajudar a resolver esse problema de tamanho: miniatura *versus* mural?

Em primeiro lugar, assim como nos detalhes da imagem, estar ciente de que o olho capta uma imagem grande numa velocidade diferente de uma imagem pequena.

Em segundo lugar, conformar o filme de 35mm e fazer tantas projeções quanto possível.

Em terceiro lugar, e esta é a minha solução pessoal, cortar dois bonequinhos de papel e posicioná-los ao lado da tela do monitor, de forma que tenham a mesma proporção de tamanho das pessoas em relação à tela do cinema. Então, se estou olhando para uma tela de 22 polegadas na sala de edição, farei as minhas minipessoas com quatro polegadas e meia, ou seja, 11 centímetros. Com um pouco de imaginação isso fará a tela do monitor parecer com uma tela de cinema. Geralmente, gosto dessas decisões porque são simples. Não parece que faz tanta diferença, mas essa prática ajuda tremendamente a resolver os problemas antes que eles apareçam.

Por que simplesmente não editamos em salas grandes com telas grandes? Bom, com a edição digital e a projeção de vídeos seria muito fácil editarmos numa tela de 15 metros. Mas o aluguel seria bastante caro, bem mais caro que os meus duendes de papel.

De todo modo, seria uma experiência interessante editar numa tela de 15 metros.

Seja qual for o sistema de edição que estejamos usando, sempre vamos nos deparar com números astronômicos de diferentes versões possíveis (lembre-se da fórmula matemática com o "!"). Quando esses números eram fisicamente representados pelas montanhas – toneladas – de filme, sabíamos instintivamente que era preciso ter planejamento e organização desde o ponto de partida. Contemplar uma floresta de 500 mil ou um milhão de pés de copião é como explorar a floresta amazônica. Quem iria se aventurar a entrar sem um mapa e equipamento adequados?

Um dos perigos do sistema digital é transformar essa floresta amazônica num videogame sem grandes conseqüências. Se você perder, simplesmente volta ao início e recomeça! Não se mexeu na película! Não há pontas para se emendar.

Num sentido trivial isso é verdade, mas não significa que a Amazônia real não esteja oculta atrás da virtual, com conseqüências reais no caso de você se perder. Independentemente de qualquer coisa, é preciso haver planejamento – o tempo é limitado. Nunca se conseguirá explorar todas as versões possíveis – é preciso um mapa. A memória humana é limitada, é preciso anotar detalhadamente o que se viu.

Teseu precisou de um fio para sair do labirinto do Minotauro. Sem planejamento, mapa ou fio leva-se uma surra e a edição se transforma numa lambança de imagens e sons reunidos para efeito momentâneo. Mas esse efeito não terá ressonância duradoura no filme.

Paradoxalmente, uma vantagem oculta de editar em película perfurada era que o peso e o volume do material encorajavam o editor a levar as coisas a sério e planejar antecipadamente antes de pegar no pesado – desenvolvendo algumas estratégias e mecanismos de defesa. Para mim isso se concretizou com o meu sistema de *storyboard* com "imagens invertidas" e meu sistema de anotação e banco de dados. Nós, que crescemos como montadores de película, fomos privilegiados por ter que desenvolver nossas próprias estratégias para lidar com as nossas Amazônias, e muitas dessas estratégias não deveriam ser desprezadas, mas sim adaptadas à era digital que está por vir.

O presente digital

Quando finalmente se estabeleceu o serviço postal regular na Grã-Bretanha e a correspondência começou a ser transportada por trens pela primeira vez – por volta de 1840 –, isso desencadeou uma enxurrada de cartas entre aqueles capazes de escrever. As pessoas rotineiramente rabiscavam cartas de 20 páginas, três vezes por semana, para diferentes correspondentes ao mesmo tempo, não porque tivessem algo particularmente instigante para dizer, mas pelo simples prazer de poder fazê-lo – e por confiar que seriam recebidas do outro lado do país em questão de dias, ao contrário das duvidosas semanas que levavam no tempo das carroças e cavalos.

Algo similar está acontecendo hoje com a internet. De fato, qualquer descoberta tecnológica significativa cria uma onda de interesse exploratório que só pode ser saciada criando-se um pretexto para a exploração. Durante um tempo, *o que* se comunica é menos importante que o *meio pelo qual* a comunicação é feita. Em algum momento, a nova tecnologia é assimilada e estabelece-se novamente a primazia do conteúdo. Estamos indo nesta direção com a edição assistida por computador, mas como as coisas ainda estão se desenvolvendo muito rapidamente, é difícil dizer exatamente o quanto caminhamos. Sinto que efetivamente percorremos um bom pedaço em pouco tempo.

Quando escrevi a primeira edição deste livro há oito anos, achava que não saberíamos dizer o ponto onde estávamos até que quatro coisas tivessem acontecido.

1. **a capacidade de armazenamento na memória** tivesse se tornado mais eficiente numa ordem de grandeza, de forma que fosse possível armazenar de 40 a 100 horas de imagem de alta resolução on-line, podendo-se acessá-las igualmente em qualquer momento.

2. **o custo** de um sistema operacional capaz de editar um filme ficasse bem abaixo de U$100 mil ou no nível do que se esperaria gastar com uma KEM.

3. **a criação** de um equivalente digital da relação timecode/perfurado 35mm: um padrão universal que operasse em todos os ambientes técnicos nos quais som e imagem seriam manipulados, gerando um ponto de referência imutável para a relação imagem/som.

4. **o negativo de 35mm** não fosse mais exibido nos cinemas. A película fosse substituída por um equivalente digital tão bom ou melhor que o negativo de 35mm.

No ano de 2001 já se deram três desses avanços, e o quarto – projeção digital – já está a nosso alcance, mas não é universal.

1. Em 1994 tornou-se possível, técnica e economicamente, armazenar o copião digital inteiro de um filme em um disco rígido simultaneamente acessível ao editor e seu assistente.

Em 1999, foram armazenados para *O informante* 1.200.000 pés (222 horas) de copião, mais do que qualquer outro filme digitalizara até então (coincidentemente, a mesma quantidade de copião de *Apocalipse Now*).

2. Em 1996, um sistema Avid com duas ilhas de trabalho custava U$160 mil – ou 80 mil por ilha – enquanto o preço de uma KEM de "oito pratos" era aproximadamente U$65 mil.

Em 1999, *Um domingo qualquer* tinha nove estações de trabalho (seis editores e dois assistentes), todos com acesso ao mesmo conjunto de discos rígidos.

3. Em 1997, estava disponível o programa Open Media Frame Work. O OMF possibilita que diferentes sistemas de edição de som e imagem possam "dialogar" entre si – uma versão mais sofisticada para se sincronizar diferentes filmes de 35mm e sistemas de fitas, modificando a relação timecode/perfurado.

Um OMF possibilitou que em *O talentoso Ripley* o trabalho que fiz em oito pistas de som no meu Avid pudesse ser exportado para as ilhas com os ProTools que estavam sendo usados por Pat Jackson e seus editores de diálogos.

Como resultado, todos os cortes, *overlaps*, mudanças de nível, *fades* e fusões de som foram reproduzidos com exatidão e aplicados ao som nos discos rígidos do sistema ProTools, onde podiam ser bastante aprimorados.

É importante lembrar que, como em todos os sistemas computadorizados, as decisões criativas sobre o que fazer com o som são armazenadas num lugar separado do som propriamente dito. O som, bruto e ainda não manipulado, está nos discos rígidos dos dois sistemas.

Antes do OMF, o som selecionado tinha que ser recarregado em tempo real, e os editores de som eram obrigados a recriar todos os cortes, *fades*, fusões etc. feitos no Avid. Eles praticamente reinventavam a roda que já tinha sido criada.

4. Em 1999, *A ameaça fantasma*, *Tarzã*, *O marido ideal* e *Toy Story II* foram exibidos em projeções digitais em cinemas selecionados dos EUA e Europa.

As implicações deste último desenvolvimento são talvez as mais profundas de todas. O filme de 35mm tem sido a base física e metafórica sobre qual toda a superestrutura do cinema foi construída. Sua eventual eliminação e substituição por um código de dígitos poderoso, flexível, mas elusivo, levantam questões técnicas e artísticas que vão demorar muitos anos para serem resolvidas.

Os editores de som sempre pensaram no que vou chamar de dimensões vertical e horizontal ao mesmo tempo. O editor de som naturalmente caminha pelo filme num tempo "horizontal" – um som em seguida a outro. Mas também tem que pensar verticalmente, o que significa perguntar "que sons estão acontecendo ao mesmo tempo?" Pode haver por exemplo um som de carros ao fundo, junto com passarinhos cantando, um avião passando, os passos dos pedestres etc. Cada uma dessas é uma pista separada de som, e a beleza do trabalho de um editor de som, como o de um músico, está na criação e integração de uma tapeçaria de som multidimensional.

Até agora, no entanto, os editores de imagem pensaram quase que exclusivamente na direção horizontal: a pergunta a ser respondida era simples – "o que vem depois?" Como se pode ver no cálculo matemático do início desse posfácio, isso já é bastante complicado – há um número astronômico de opções na construção de um filme. No futuro, esse número ficará ainda mais cósmico porque os editores serão obrigados a pensar horizontalmente também, o que significa: *o que posso editar dentro do quadro?*

O trabalho de efeitos óticos tem ficado mais sofisticado e sutil, às vezes nem mesmo percebido como efeito. Isso permite ao diretor ou editor dizer: "No fim das contas não gostei muito desse céu" ou "Acho que esse trecho tem que se passar no inverno, vamos tirar as folhas desse plano." Num futuro próximo, máquinas como o Avid, boas para se manipular a dimensão seqüencial horizontal, vão se fundir com máquinas de efeitos especiais, como a Inferno, que são boas para se manipular a dimensão vertical simultânea. Haverá conseqüências imprevisíveis – será que o editor vai dar conta disso tudo? Ou o trabalho será dividido em duas equipes, uma vertical e uma horizontal?

Nos velhos tempos, quando se queria criar um efeito especial, como mudar a cor do céu, era preciso usar uma Vista-Vision ou câmera de 70mm para conseguir um negativo ampliado de forma que a granulação de várias revelações não aparecesse. Agora, dada a precisão da reprodução digital, nada disso é mais problema. Um tempo absurdo também é gasto filmando os efeitos especiais – quando alguém voava pelos ares, era amarrado em cabos. Conseqüentemente o fotógrafo tinha que fazer a luz de forma que os cabos não aparecessem. Agora, com os efeitos digitais, os cabos devem ser cada vez mais coloridos e iluminados, pois assim são percebidos e removidos digitalmente com mais facilidade.

Obviamente o "santo graal" seria uma máquina de edição de efeitos que misturasse o Avid e o Inferno e que produzisse o produto final, não apenas um rascunho do produto final. Até certo ponto, isso já foi conseguido na televisão, mas não em filmes, onde a resolução tem que ser correspondentemente muito maior para a tela grande.

A propósito, aqui vão algumas previsões que provavelmente se materializarão num futuro próximo, se é que já não estarão todas concretizadas até a publicação deste livro:

- **o fim da fita magnética**. Revolucionário quando surgiu por volta de 1950, o som magnético perfurado do filme já está sendo substituído por drives móveis que tocam em sincronia com o projetor. Usamos drives Jaz em *O talentoso Ripley*. Cada um deles pode ser copiado instantaneamente e é capaz de guardar a informação de 40 rolos de filme magnético, com uma economia de mais de 40:1.

- **diretamente da câmera.** Algum tipo de dispositivo *beam-spliter* vai permitir a gravação de um disco digital junto com o filme de 35mm. Esse disco será entregue ao editor imediatamente, em vez de esperar que o filme seja revelado e sincronizado, projetado, telecinado e digitalizado.

  Essa será uma solução temporária enquanto se espera o desenvolvimento de uma câmera totalmente digital e a eliminação do negativo como meio de gravação.

- **concorrência para o Avid.** Atualmente, o Avid é de longe o sistema profissional mais usado, seguido do Lightworks, que passou por momentos difíceis há alguns anos.

  No entanto o domínio do Avid vem sendo seriamente ameaçado por sistemas muito baratos, a preço de consumo, como o Final Cut Pro da Apple, o Adobe Premiere, o EditDV e o Media 100. O Final Cut Pro, por exemplo, tem sido muito usado para filmes das televisões a cabo e seu custo é 1/20 de um sistema de Avid.

  Até recentemente esses sistemas não dispunham de uma interface confiável com o negativo de 35mm, restringindo-se portanto a filmes cujo formato final fosse o vídeo. Programas como o FilmLogic foram inventados para preencher essa lacuna, e a Apple adquiriu recentemente o sistema Focal Point, os criadores do FilmLogic; portanto os sistemas da Apple estão pretendendo competir diretamente com o Avid.

Será interessante ver a resposta do Avid para esses concorrentes.

- **o produto final**. Chegará o dia em que o editor estará lidando com imagens com uma resolução tão boa que serão projetáveis numa sala de cinema. De fato, a resposta do Avid será a cópia final. Como já disse, isso já acontece na televisão, e, seguindo a lei de Moore (a velocidade de processamento por unidade dobra a cada 18 meses), é simplesmente uma questão de tempo até que o hipotético Avid/Inferno (ou alguma máquina equivalente) seja capaz de manipular imagens em tempo real com uma resolução de quatro mil linhas – o equivalente a um filme de 35mm.

Todas essas projeções sugerem um cinema digital cada vez mais integrado. Nesse começo de milênio ainda estamos vivendo num mundo híbrido, onde o filme perfurado de 35mm ocupa um lugar importante nas etapas de produção e exibição. Mas duvido que o filme permaneça imprescindível por muito tempo. De certa forma a situação é parecida com a da iluminação doméstica no final do século XIX. Em 1900 as lâmpadas funcionavam tanto à base de gás como de eletricidade. A eletricidade era uma novidade incrível, produzia uma luz brilhante (o que os franceses chamavam pejorativamente de "chama descarnada"), mas também era cara e não tão infalível quanto deveria ser. De outro lado, havia o gás – romântico, perigoso, pouco eficiente, vivo, mas familiar e confiável.

No momento o cinema está na fase da "lâmpada adaptável": temos que lidar com o filme como um meio fotográfico perfurado e material e com a imagem eletrônica como um meio digital, virtual e imaterial. Mas tão certo quanto a iluminação a gás ter sido abolida do nosso dia-a-dia, mais cedo ou mais tarde será a vez do filme de 35mm.

Quais são, então, as implicações técnicas e artísticas de um cinema completamente digital? Será um tipo de "chama descarnada" ou uma coisa diferente? É uma pergunta difícil – pois estamos em meio a mudanças extraordinárias –, mas talvez algo possa ser aprendido de situações similares no desenvolvimento de outras formas de arte. De fato...

Gesamtkunstkino – Cinema de arte total

...se pudéssemos ao menos abordar aquele senhor de chapéu saindo do Metropolitan – não, não, *ele*, aquele com o casaco de pele – e perguntar sobre o que achou do *Tannhäuser* a que acabou de assistir. Talvez, se ele concordasse, pudéssemos acompanhá-lo pela Broadway e deixar a conversa fluir para o assunto inevitável: estamos em 1899, e naturalmente todos os pensamentos estão voltados para a chegada do século XX.

O que achou do espetáculo formidável que acabou de ver? Inacreditável! E, quem sabe, uma palavrinha sobre o futuro da ópera – mais especificamente sobre o conceito de Wagner de obra de arte total, *Gesamtkunstwerk*, a fusão definitiva de música, drama e imagem? Que maravilhas o público estará vendo daqui a 100 anos?

Enquanto ele pára para pensar nessa última pergunta, percebemos por cima de seu ombro dezenas de pessoas numa loja atrás dele, em sua maioria homens, jovens e imigrantes, com as cabeças mergulhadas numa espécie de mecanismo, as mãos girando uma alavanca como num transe. Por acaso, paramos em frente a uma feira de diversões, e os homens estão operando kinescópios e olhando imagens de jovens mulheres se despindo cada vez mais diante deles.

Diante da previsão do nosso amigo do casaco de pele – um século de ênfase na cultura e triunfos operísticos que vai ofuscar as conquistas do século XIX – nós, viajantes do tempo que sabemos a verdade, não podemos reprimir o sorriso. Imagine a surpresa e a repugnância do nosso novo amigo ao saber que as barulhentas e agressivas engenhocas atrás dele em breve irão se transformar na forma de arte dominante do século XX e farão sua própria investida na fortaleza da obra de arte total; e que, apesar de suas amadas óperas ainda serem encenadas em 1999, e o serão prodigamente, não passarão de adaptações de cânones do século XIX preservados em âmbar, a versão ocidental do Kabuki japonês.

É claro que não vamos decepcioná-lo com nossos pensamentos, que pareceriam devaneios típicos das criaturas estranhas que ele faz questão de evitar. E como está Nova York hoje? Foi bom conversar com o senhor, obrigado.

De um salto, estamos de volta a Nova York, em dezembro de 1999. *Toy Story II* estreou há pouco tempo e as filas não diminuíram. Na verdade, num certo cinema em Times Square, aumentaram.

Depois de uma caminhada, descobrimos a razão disso: *Toy Story II* está sendo projetado digitalmente, sem filme.

A tira de celulóide perfurada de 35mm que era um entretenimento para os nossos amigos na feira de 1899 e resumia todos os sonhos cinematográficos do século XX – a chegada do som, cor, tela grande, três dimensões (ao menos por algum tempo), *dolby stereo* – o meio físico que carregou sem reclamar todas essas invenções em seus ombros está, no final do século, a ponto de se livrar de suas obrigações e sair de cena. Em poucos anos, o filme vai se transformar em curiosidade histórica, como o pergaminho e o velino.

E os três símbolos onipresentes do cinema – o rolo, a claquete e o filme com suas típicas bordas perfuradas – serão anacrônicos, referências a uma tecnologia esquecida.

Isso é motivo de preocupação?

Comparativamente, a primeira Bíblia de Gutenberg foi impressa em velino, um material bonito, orgânico e tátil, mas a impressão só decolou realmente com a invenção do papel, que era barato e de fácil fabricação. O conceito de tipos móveis de Gutenberg transcendeu o meio usado para a própria impressão. É quase certo que o digital se tornará o papel do pergaminho de celulóide.

Então declaremos com segurança que, mesmo que o negativo desapareça, haverá sempre *imagens em movimento*. A intuição que levou à criação do cinema, a quantização do movimento por Joseph Plateau na década de 1830 (estendida à fotografia de Muybridge na década de 1870) é tão profundo a seu modo quanto a invenção da prensa por Gutenberg na década de 1450, e tão independente quanto do seu meio de transmissão.

Tão surpreendente quanto ver imagens projetadas digitalmente – cada vez mais nítidas que um filme de 35mm, sem os arranhões, as sujeiras e a trepidação que afetam a mais antiga das impressões em 35mm – é o fato de que há 15 anos a indústria cinematográfica vem gradualmente se tornando digital de dentro para fora. Os triunfos dos efeitos visuais digitais, é claro, já eram bem conhecidos antes de sua apoteose em *Parque dos dinossauros*, *Titanic*, *A ameaça fantasma* e *Matrix*. Mas o advento da projeção digital trará a capitulação final das duas últimas resistências da herança analógica e mecânica dos filmes do século XIX. Uma delas, o final da linha, é a projeção – a outra é a fotografia original que dá início a todo o processo. A indústria cinematográfica atual é um sanduíche (com recheio digital) entre duas fatias de pão analógico.

No entanto, à medida que a projeção digital for avançando, os laboratórios de filme como o Technicolor terão dificuldade de prosperar, já que a maior parte de seus lucros provém de imensas encomendas de revelação, algumas vezes chegando a 50 milhões de pés de negativo por filme. Quando (e não se) os laboratórios saírem da indústria de cinema, as produtoras de filmes se voltarão inevitavelmente para a fotografia com câmeras digitais. No verão de 2000 George Lucas dispensou totalmente os negativos e gravou o último episódio de *Guerra nas estrelas* com câmeras digitais da Sony de alta definição.

Num futuro muito próximo – quando a projeção final e a fotografia original forem feitas digitalmente – todo o processo técnico de realização de um filme será digital, do começo ao fim, e toda a infra-estrutura técnica irá se adaptar a isso instantaneamente. Podemos prever algumas conseqüências disso; outras são imprevisíveis. Mas essa transformação deve se completar em menos de dez anos.

É claro que haverá tristeza pela perda de nossos amigos Claquete, Película e Rolo. É claro que a falta de nitidez entre as fronteiras de vídeos, computadores e filmes vai aumentar. É claro que as criaturas digitais (e talvez até atores) nascerão e farão o *Parque dos dinossauros* de 1993 parecer o *King Kong* de 1933. É claro que o canal 648 será uma transmissão do planeta Terra visto da Lua, com detalhes surpreendentes, ocupando toda a parede de cristal líquido da sua sala de mídia.

Mas como estará o *cinema* – o hábito de ver filmes numa sala de projeção – como estará o *cinema* em 2099?

Será que a revolução digital, tão intoxicante e impetuosa nos dias de hoje, vai transformar o cinema em algo irreconhecível para nós, para melhor ou para pior?

Será que o cinema estará ossificado em 2099, na versão do século XXI da Grand Opera? Platéias de smoking estarão acorrendo a mais uma projeção de *Casablanca*, o filme de 160 anos, incrivelmente aprimorado pelo neto tecnológico da mágica digital de nossos dias?

Ou será que o cinema terá desaparecido completamente, atropelado por alguma sublevação tecnológico-social tão inimaginável para nós quanto a transformação definitiva do kinescópio em 1899? O paralelo entre imigrantes girando a manivela dos seus cinetógrafos na feira de diversões e o seu filho adolescente trancado no quarto com Lara Croft (do jogo Tomb Raider) é surpreendente.

É claro que, ao simplesmente formularmos tais perguntas, sabemos que é besteira sequer tentar respondê-las. Mas estamos em dezembro de 1999, afinal – o fim de um milênio. Por que não tentar?

A *completa digitalização da arte e da indústria cinematográfica será em última instância uma coisa boa?*

Para cogitar responder uma pergunta como essa, devemos tentar encontrar algum desenvolvimento análogo no passado. Para mim, o que parece mais próximo é a transformação da pintura que aconteceu no século XV, quando as velhas técnicas de pigmentação em afrescos foram em grande parte substituídas pela tinta a óleo em telas.

Alguns dos grandes, se não os maiores, triunfos da arte pictórica européia foram feitos em afrescos – o trabalhoso processo em que o gesso úmido é tingido com vários pigmentos que, enquanto secam, reagem quimicamente com o gesso e mudam a cor. Basta pensar no teto de afresco da Capela Sistina de Michelangelo, que é o equivalente pictórico da Nona Sinfonia de Beethoven.

No afresco muita coisa exige planejamento prévio. Suas variáveis – tais como a consistência e o tempo de secagem do gesso – têm que ser inteiramente controladas. Os artistas que trabalhavam em afrescos eram obrigados a ter um conhecimento preciso dos pigmentos e de como mudavam de cor quando secavam. Uma vez aplicado um pigmento, não havia possibilidade de revisão. Uma quantidade limitada de trabalho podia ser feita em um dia, antes que o gesso aplicado pela manhã ficasse muito seco. Inevitavelmente, apareciam rachaduras nas junções entre as aplicações subseqüentes de gesso. A organização do que seria feito a cada dia tinha de ser cuidadosa para minimizar o estrago dessas rachaduras imprevisíveis.

É preciso esclarecer que a pintura em afrescos exigia um grande esforço de muitas pessoas e várias tecnologias combinadas, supervisionadas pelo artista, que tinha a responsabilidade do produto final.

A invenção da pintura a óleo mudou tudo isso. O artista estava livre para pintar onde e quando quisesse. Não era obrigado a criar uma obra na sua locação final. Com esse método a pintura apresentava a mesma cor quando molhada e depois de seca. Ele não precisava se preocupar excessivamente com rachaduras na superfície. E podia pintar em cima de coisas de que não gostasse, a ponto de reutilizar telas para os mais diversos propósitos.

Apesar de a pintura a óleo ter permanecido um trabalho de equipe durante certo tempo, a lógica natural do novo meio encorajou o artista a controlar cada vez mais cada aspecto de seu trabalho, intensificando sua visão pessoal. Isso foi tremendamente libertador, e a história da arte de 1450 até hoje é um testemunho claro do poder criativo dessa libertação – e de alguns dos seus riscos –, o que encontrou sua expressão definitiva no final do século XIX e início do XX, com o surgimento de gênios solitários e torturados como Van Gogh.

A natureza do trabalho com filme tem se assemelhado mais à pintura em afresco do que à pintura a óleo. A realização de um filme é tão heterogênea, com tantas tecnologias urdindo juntas um tecido complexo e caro, que, por definição, é quase impossível de ser controlada por uma pessoa. Existem alguns realizadores solitários – lembrei de Jordan Belson –, mas são indivíduos excepcionais, e os temas de seus filmes são arquitetados de forma a permitir a criação por uma pessoa.

Contrastando com isso está o fato de que as técnicas digitais *tendem* naturalmente a se integrarem graças à sua matemática comum, tornando-se mais facilmente controláveis por uma só pessoa. Já vejo isso acontecendo no trabalho de mixagem de som que faço, em que as fronteiras entre a edição de som e mixagem começam a ficar pouco claras. E isso está para acontecer com a integração da edição de filmes e dos efeitos visuais.

Suponhamos então uma apoteose técnica em algum momento no meio do século XXI, quando de alguma forma será possível uma pessoa fazer um longa-metragem inteiro com atores virtuais. Isso será uma coisa boa?

Se a história da pintura a óleo pode servir como referência, a resposta evidente seria "sim", com a ressalva óbvia de ficarmos atentos ao efeito desestabilizador de se seguir muito cegamente uma visão hermética e subjetiva. Basta olhar para o desdobramento da pintura ou da música clássica no século XX para ver os riscos.

Ousemos ainda mais e levemos o problema às suas últimas conseqüências supondo a diabólica invenção de uma caixa preta que pudesse converter diretamente os pensamentos de uma pessoa para uma realidade visível em forma de cinema. Você conectaria uma série de eletrodos em vários pontos do seu cérebro e simplesmente *pensaria* o filme.

E já que estamos viajando no tempo, apresentemos essa invenção hipotética como uma proposta faustiana para os futuros realizadores do século XXI. Se essa caixa lhe fosse oferecida por uma pessoa disfarçada em troca de sua alma, você aceitaria?

Os realizadores que aceitassem ou mesmo titubeassem com essa oferta estariam levados pelo desejo de ver sua concepão na tela da forma mais pura possível. Eles aceitam o presente nível de colaboração como um infortúnio necessário para concretizar suas idéias. Suponho que Alfred Hitchcock fosse um deles, considerando-se sua descrição do processo criativo: "O filme já está pronto na minha cabeça antes de começarmos a filmar."

Os realizadores que recusassem a oferta estariam muito mais interessados no *processo cooperativo* de se fazer um filme, e em ver uma visão detalhada miraculosamente *emergir desse* processo, em lugar de ser imposta por um único indivíduo desde o começo. A pitoresca descrição de Francis Ford Coppola de seu ofício resume isso: "O diretor é o animador de um circo que inventa a si próprio."

O paradoxo do cinema é que ele é mais efetivo quando parece fundir dois elementos contraditórios – o geral e o pessoal – em um tipo de *intimidade de massa*. O trabalho em si é imutável, dirigido a milhões de pessoas, e mesmo assim – quando funciona – um filme parece falar com cada membro da platéia de uma forma poderosa e pessoal.

A origem desse poder é misteriosa, mas acredito que venha de duas características primordiais dos filmes: um teatro de pensamentos e uma arte cooperativa.

O filme é uma construção dramática na qual, pela primeira vez na história, os personagens podem *ser vistos pensando* mesmo no nível mais sutil, e esses pensamentos podem então ser coreografados. Às vezes, esses pensamentos são quase fisicamente visíveis, movimentando-se nas expressões de atores talentosos como nuvens pelo céu. Isso se torna possível em função de duas técnicas oriundas da própria fundação do cinema: o close, que torna visível essa sutileza, e o corte – a repentina mudança de uma imagem para a outra –, que imita a natureza acrobática do próprio pensamento.

E o trabalho em equipe, que não é necessariamente um compromisso, pode ser o fator principal, se encorajado da maneira certa, para permitir um filme falar da forma mais clara possível com o maior número de pessoas. Cada pessoa que trabalha em um filme traz a sua própria perspectiva sobre o tema. E se essas perspectivas forem adequadamente orquestradas pelo diretor, o resultado será um trabalho de uma complexidade multifacetada e integrada com grandes chances de atrair a atenção e o interesse do público, que é, em si, uma entidade multifacetada à procura de integração.

Nada até aqui no entanto elimina o fato de que o cinema é, por definição, uma experiência de comunhão teatral tanto para o público quanto para os autores, mas na qual a peça permanece a mesma cada vez que é mostrada. O que muda é a reação da platéia.

O pessimismo de meados do século XX em relação ao destino do cinema, quando se previa um futuro comandado pela televisão, desconsiderou a necessidade humana perene – pelo menos tão antiga quanto a linguagem – de sair de casa e se reunir no escuro, em volta de uma fogueira, com outros desconhecidos para ouvir histórias.

A experiência cinemática é uma recriação dessa antiga prática, de renovação teatral, adaptada às características modernas, salvo que as chamas e a fogueira foram substituídas pelas imagens alternadas que contam a história. Imagens essas que dançam da mesma maneira a cada vez que o filme é projetado, mas que despertam sonhos diferentes na cabeça de cada espectador. É uma fusão da permanência da literatura com a espontaneidade do teatro.

Gostaria de enfatizar as palavras *saindo do ambiente familiar*. A experiência teatral/cinemática nasce efetivamente no momento em que alguém diz: "Vamos sair." O que está implícito nessa frase é uma insatisfação com o ambiente familiar e a necessidade correspondente de se abrir de forma incontrolável para algo "diferente". Eis aqui a batalha entre *filmes em casa* e *no cinema*, sobre a qual arrisco dizer que a verdadeira experiência cinemática não pode se dar em casa, independentemente dos avanços tecnológicos alcançados pelos equipamentos.

Fico surpreso por exemplo com a quantidade de vezes que alguém me diz que viu tal filme no cinema e ficou impressionado com o nível de detalhamento na imagem e no som, algo que nunca tinha percebido vendo o mesmo filme em casa.

Bom, eu vi tanto filme como vídeo e tenho que dizer que, de um modo geral, o nível de detalhe é equivalente, se não o mesmo. O que definitivamente não é igual, no entanto, é o estado mental do espectador.

Em casa você é o rei, e a televisão é o seu bobo. Se não achar graça, pega o controle remoto e corta-lhe a cabeça! A estrutura de uma casa é a familiaridade: o que está certo é o que se encaixa à rotina, o que implica uma mente programada que só vê o que quer – ou está preparada para – ver.

Sair de casa, no entanto, envolve algum esforço, inconveniência e risco. Lembre-se de que você estará sentado numa sala escura com no mínimo seis, podendo chegar até mais de 600, pessoas estranhas. Sem distrações, sem ter como parar o filme depois que começa e sabendo que vai começar na mesma hora estando você lá ou não. Isso produz um estado mental de tal forma aberto para experiências que não pode ser reproduzido assistindo-se ao filme em casa. E ainda mais misteriosamente importante são essas seis ou 600 pessoas sentadas ao seu lado, cuja presença silenciosa altera e amplia de forma não quantificável a natureza do que você vê.

Digamos que a idade média do público seja de 25 anos. 600 x 25 = 15 mil anos de experiência humana reunidos no escuro – bem mais tempo de esperanças, sonhos, decepções, exaltações, tragédia do que o dobro da história humana conhecida. Todos focados na mesma série de imagens e sons, todos levados pela necessidade, mesmo que incipiente, de se abrir para uma experiência tão intensamente quanto possível que vá além de suas vidas comuns.

O novo século começou recentemente, a revolução digital não prevaleceu (ainda), e quando isso acontecer, será muito antes de Mefistóteles chegar com sua caixa preta repleta de eletrodos. Haverá trabalho em equipe nos filmes, queiram ou não, por muitos anos ainda. Mas me parece que, se estamos à procura do lado sombrio que pode advir do digital, devemos olhar na direção de qualquer coisa que encoraje uma visão solitária e monolítica e que desencoraje a complexidade do desenvolvimento – tanto no começo quanto na etapa de produção do filme e no momento da sua exibição ao espectador.

E como estou aqui para chegar a conclusões, vou preferir a tendência afirmativa e declarar que o cinema ainda estará conosco por mais cem anos. Diferente, é claro, mas ainda cinema. Sua persistência será motivada pela permanente necessidade humana de histórias no escuro, e sua evolução será abrilhantada pelas revoluções tecnológicas que estão a caminho. Talvez estejamos agora onde a pintura estava em 1499. Então, se formos cuidadosos, temos ainda alguns séculos pela frente.

Afinal, quem sabe? Vamos nos encontrar em 2099 e fazer um outro panorama.